Guide juridique

Le droit de la personne âgée

Ouvrage collectif sous la direction de Philippe DEVAL

Cet ouvrage est le fruit d'une collaboration de plusieurs auteurs. Il s'enrichit des apports de chacun. Si vous souhaitez apporter une précision, compléter une rubrique, ajouter une analyse, n'hésitez pas à nous l'adresser et rejoindre le collectif des auteurs.

Être senior confronte à plusieurs questionnements qu'il faut savoir aborder avec lucidité :

- ✓ Quels sont mes droits ?
- ✓ Comment protéger mon patrimoine ?
- ✓ Comment anticiper et organiser une possible situation de dépendance ?
- ✓ Si je suis en situation de dépendance, qui m'assistera ?
- ✓ Comment faire respecter mes choix et décisions ?
- ✓ Comment aider mes proches ?
- ✓ Sur un plan financier, qui pourra m'aider à subvenir à mes besoins et ceux de mon conjoint ?

Et bien d'autres interrogations.

Nous n'avons pas souhaité écrire un ouvrage juridique uniquement centré sur les principes de droit. Il nous semblait au contraire logique de répondre à des questions, d'être le plus exhaustif possible en envisageant toutes les situations.
C'est la raison pour laquelle cet ouvrage est organisé en quatre parties, complété par un glossaire et un index.

1. **Connaître et défendre ses droits**

   Elle s'adresse plus particulièrement aux seniors.

2. **Accompagner une personne âgée dépendance**

   Cette partie est rédigée à destination des proches et des professionnels intervenant dans le champ de l'assistance à la personne âgée.

3. **Questions / Réponses sur les droits des personnes âgées**

   Ici, nous avons souhaité être le plus concret possible et répondre de façon précise, sans analyses superflues, à des questions pratiques.

4. **Un glossaire**

   Il permet de retrouver un thème, une définition ou une règle de droit. Il est complété par un annuaire consacré aux adresses, numéros de téléphone, sites internet les plus utiles.

5. **Un index**

   Permettant de retrouver un thème, une étude, la réponse à une question conclut cet ouvrage.

1 Le droit de la personne âgée

1 Le mandat de protection future

Avec le mandat de protection future, vous allez pouvoir organiser et protéger soit vos droits, soit ceux d'une personne dont vous avez la charge affective et matérielle, ou encore faire en sorte que vos choix soient respectés dans le cas où vous seriez en situation de dépendance physique ou mentale.
Vous allez désigner un mandataire et avec lui, convenir de différentes modalités. Le mandat est bien sûr temporaire, limité dans le temps et dans la délégation donnée. Il peut être révocable à tout moment.

Institué par la loi du 5 mars 2007 le mandat de protection future a pour objectif de permettre à une personne de s'organiser, protéger ses biens et assurer l'avenir de proches dans le cas où elle deviendrait dépendante à la suite d'une altération de ses facultés mentales, d'un handicap, d'une hospitalisation.

Il s'agit d'un dispositif qui ne peut qu'être encouragé dans la mesure où il permet d'anticiper des situations souvent douloureuses pour les proches et surtout de s'assurer que ses volontés seront toujours respectées :

- par exemple le maintien à domicile plutôt que d'aller dans une maison de retraite,

- assurer le devenir d'un enfant handicapé dont la personne s'occupait jusqu'à présent,

- mettre en vente tel ou tel bien de son patrimoine afin de pouvoir payer le loyer d'une résidence de retraite.

La loi a posé depuis fort longtemps les règles de gestion du patrimoine des personnes vulnérables à travers notamment la mise en place de mesures de tutelle. Cependant ces dispositifs ne prenaient pas en considération les volontés de la personne dans la mesure où ils étaient mis en place lorsque l'on ne pouvait que constater l'état de dépendance.

L'article 477 du code civil dispose désormais que « *toute personne majeure ou mineure émancipée, ne faisant pas l'objet d'une mesure de tutelle peut charger une ou plusieurs personnes, par un même mandat, de la représenter pour le cas où elle ne pourrait plus pourvoir seule à ses intérêts.* »
Il s'agit là d'organiser conventionnellement la gestion de son patrimoine et de ses intérêts personnels plutôt que de subir les règles légales de protection.

Qui peut consentir un mandat de protection future ? Qui peut l'accepter ?

☞ Qui peut consentir ?

- Toute personne peut décider d'un tel mandat, mais en pratique ce dispositif s'adresse à une personne âgée ou encore une personne gravement malade craignant de vivre une incapacité.

- Une personne sous curatelle peut conclure ce mandat, mais avec l'assistance de son curateur.

- Les parents, lorsqu'ils assument la charge matérielle et affective d'un enfant majeur handicapé ou l'autorité parentale sur leur enfant mineur, peuvent désigner un mandataire chargé de représenter leur enfant si celui-ci ne pouvait pas pourvoir lui-même à ses intérêts et si eux-mêmes n'étaient plus en mesure de le faire.

La mesure intéressera ainsi les parents d'enfants handicapés qui souhaitent organiser la protection de leurs enfants à leur disparition. Elle va bien au-delà des possibilités données jusqu'à présent aux seuls parents d'enfants mineurs de choisir un tuteur pour le cas où ils décèderaient avant la majorité de leurs enfants.

☞ Qui peut accepter ?

- Un parent.

- Mais également toute personne, même si elle n'est pas un ayant-droit du mandant[1].

- Le mandataire peut être aussi une personne physique ou morale inscrite sur la liste des mandataires judiciaires à la protection des majeurs. Il doit jouir de la capacité civile.

Le mandataire exerce personnellement sa mission mais peut, à titre spécial, déléguer à un tiers. Ce sera le cas s'il est fait appel à un mandataire judiciaire. Le mandataire répond de ses actes et des actes du tiers qui lui est substitué.

☞ Le contrôle du mandat

Le mandant pourra choisir au moment de l'établissement du dossier de désigner une personne chargée de contrôler le mandataire.

---

[1] Un ayant-droit est une personne susceptible de « venir aux droits » d'une autre, par exemple en héritant de cette personne. Il s'agit en pratique des enfants, parents, collatéraux (oncle, tante, cousin ...).

Quelle forme doit revêtir le mandat ?

Le mandat peut être rédigé soit par acte sous seing privé, soit par acte authentique. La forme authentique étant obligatoire pour désigner un mandataire pour ses enfants.

En pratique, nous ne saurions que trop conseiller le recours à l'acte authentique c'est-à-dire rédigé par un notaire afin d'une part d'éviter toute contestation lors de l'ouverture d'une succession, contestation qui viendrait d'un des héritiers et remettrait en cause des actes de gestion, d'autre part pour informer le mandataire de ses obligations[2].

Mandat notarié ou mandat sous seing privé ?
S'il est notarié, le mandat est établi sous forme d'acte authentique par le notaire choisi par le mandant. L'acceptation du mandataire doit être recueillie dans les mêmes formes.
Le mandant peut le révoquer et le mandataire peut y renoncer. Révocation et renonciation doivent être notifiées au notaire, et concernant la révocation, le mandant doit informer le mandataire par lettre recommandée avec accusé de réception.
Le mandat par acte authentique peut conférer au mandataire un pouvoir de gestion, d'administration et de disposition des biens.
Le mandat sous seing privé est un écrit qui reprend les mentions du mandat de protection future. Il est alors conseillé d'utiliser le modèle disponible sur le serveur internet du ministère de la justice (formulaire cerfa n° 13592*01). Il est daté et signé de la main du mandant. Le mandataire manifestera son accord express et non équivoque, datera et signera à son tour.

☞ Quand prend-t-il effet ?

Le mandat prend effet lorsqu'il est médicalement établi que le mandat ne peut plus pourvoir seul à ses intérêts. C'est le mandataire qui prend alors l'initiative.

---

[2] Des frais de 125 euros liés à l'enregistrement auprès de la recette des impôts sont payés par le mandant.

① - Il obtient de la part d'un médecin un certificat indiquant que le mandant ne peut plus pourvoir seul à ses intérêts.

② - Muni de ce certificat, il se rend au greffe du tribunal d'instance et présente le mandat ainsi que le certificat au greffier.

③ - Le greffier vise le document et sa prise d'effet et le restitue au mandataire.

④ - Il enregistre le document qui pourra être par la suite contrôlé par le Procureur de la république ou le juge des tutelles.

Le mandat destiné à protéger des enfants mineurs ou majeurs incapables ou vulnérables prend effet au décès du mandataire et sous réserve qu'il n'y a pas de parent survivant pouvant justifier de l'autorité parentale.

La mise en œuvre du mandat est précédée par un inventaire des biens de la personne protégée. Cet inventaire doit être régulièrement actualisé. Chaque année un compte de gestion doit être établi. Le juge des tutelles peut faire vérifier ce compte.

Quels sont les droits et obligations du mandataire ?

Le mandat de protection future peut concerner la personne, les biens ou seulement l'un des deux. Il s'exerce en principe à titre gratuit. Cependant une rémunération ou une indemnisation de la personne mandataire peut être prévue lors de la rédaction du mandat.
Le mandataire accomplit les actes qu'un tuteur peut décider sans autorisation (acte de gestion et d'administration) mais dans la limite du mandat et pour la réalisation de l'objet prévu au mandat. Il doit saisir le juge des tutelles pour tout autre acte tel celui de la vente d'un bien.

En pratique :

- ✓ il peut payer un hébergement en prélevant le loyer sur le compte du mandant,
- ✓ il peut encaisser sur un compte ouvert à cet effet les loyers et autres revenus,
- ✓ mais également embaucher et rémunérer une auxiliaire de vie, organiser l'accueil et l'hébergement du mandant ou de la personne qu'il a la charge de représenter si telle est l'objet du mandat.

L'inventaire et les comptes de gestion sont présentés annuellement au juge des tutelles ou au procureur de la république. Ils sont également adressés avec leurs justificatifs au notaire qui en assure la conservation dans le cas où le mandat a été rédigé par acte authentique.

Il est indispensable que le mandant prévienne le mandataire de ses obligations présentes et avenir, et l'incite à avoir une gestion rigoureuse et ordonnée. En effet, le mandat de protection future engage le mandataire et il devra être tout particulièrement attentif à sa gestion ou aux preuves de gestion. C'est la raison pour laquelle un notaire est le professionnel indiqué pour assister l'un comme l'autre.

Le notaire saisit le juge de tout mouvement de fonds et actes non justifiés et apparaissant comme contraires aux intérêts de la personne protégée.

Les comptes doivent demeurer à la disposition du juge des tutelles jusqu'au terme de cinq années après l'extinction du mandat.
Les actes accomplis par le mandataire pendant l'application du mandat sont rescindables pour lésion[3], ou réductibles en cas d'excès. Ces actions appartiennent à la personne protégée et après son décès, à ses héritiers.

L'extinction du mandat

Le mandat prend fin :

- quand le mandant retrouve ses facultés ;
- par le décès de la personne protégée, par le décès du mandataire ou son placement sous un régime de protection (la tutelle) ;
- par la révocation par le juge des tutelles à la demande du mandant ;
- lorsque la personne protégée n'a plus besoin de l'être (c'est le cas par exemple si le mandat couvrait une période d'hospitalisation) ;
- lorsque les règles régissant le régime matrimonial suffisent à la protection de la personne ;
- lorsque le mandat porte atteinte aux intérêts du mandant ;
- Le mandat peut également prévoir la date ou la cause de fin.

Le mandat de protection future est un dispositif récent, aussi n'existe-t-il pas de jurisprudence ou de cas de litiges. Toutefois nous conseillerons de toujours recourir au formalisme de la dénonciation du mandat par lettre recommandée avec accusé de réception et, si le mandat a été rédigé devant notaire, par notification de la fin du mandat au notaire, et ce, quelle que soit la cause de fin.
L'un des contentieux qui pourrait apparaître serait celui opposant des enfants ou des ayants droit au mandataire de protection future. Les premiers ayant alors intérêt à obtenir un placement sous tutelle et la désignation de l'un d'eux comme tuteur.

---

[3] Rescindable pour lésion : expression juridique qui signifie que l'acte peut être annulé sur le fondement de la lésion.

Dans ce cas, on peut estimer que le juge des tutelles préférera le mandat de protection future en se référant à l'esprit de la loi réformant le droit des majeurs incapables.

Le juge des tutelles qui met fin au mandat peut lui substituer une mesure de protection légale ou ajouter cette mesure de protection en complément du mandat. Il peut aussi charger le mandataire de protection future d'accomplir certains actes non prévus au mandat. Le mandataire pourra être contrôlé par une personne physique ou morale qui sera identifiée lors de la constitution du dossier.
En cas de difficulté, toute personne ayant intérêt à agir pourra saisir le juge des tutelles.

Pensez-y !
Si le mandat de protection future est mis en place pour palier à une situation d'incapacité (maladie d'Alzheimer – maladie dégénérative ...), celle-ci rend caduque les procurations qui ont pu être passées antérieurement (procuration auprès de la banque, de la poste). Dans ce cas, le mandat devra décrire de façon précise les procurations.

Le mandataire peut-il signer un contrat d'hébergement en résidence de retraite

Organiser une éventuelle dépendance est l'un des motifs de recours au mandat de protection future. Dès lors, le mandant et le mandataire peuvent choisir d'organiser une situation dans laquelle le premier se trouverait dans une situation de dépendance. Ici le mandat devra être le plus précis possible et désigner par exemple l'établissement ou type d'établissements, des conditions de lieu, de confort ainsi que les modalités de paiement de l'hébergement et des soins.
Le mandat devra également décrire précisément le pouvoir conféré au mandataire afin que le directeur d'établissement d'accueil puisse apprécier la réalité du consentement de la personne. Le mandant, c'est-à-dire la personne qui sera accueillie dans l'établissement aura pris soin de prendre contact avec la direction de cet établissement, de manifester par une réservation sa volonté d'être hébergé. En retour, il recevra confirmation de cette réservation.

Le mandat de protection future en pratique

1

Je choisis le mandat de protection future lorsque je suis en pleine possession de mes moyens et que je souhaite :

- ✓ préparer un avenir et une éventuelle situation de dépendance ;
- ✓ organiser l'avenir d'un de mes proches dont j'ai la charge matérielle et affective et qui ne peut pourvoir seul à ses intérêts ;
- ✓ obtenir un strict respect de mes choix et volontés.

2

Le mandat de protection future n'est pas un testament. Il prend fin à mon décès. Il ne remplace pas les mesures de tutelle ou de curatelle. Comme tout mandat il a un objet précis et encadre strictement les droits conférés au mandataire.

3

Le mandat de protection future peut être utilisé pour protéger un de mes enfants handicapés qui ne pourrait pas pourvoir lui-même à ses intérêts. Dans ce cas, il vise à organiser un placement, un hébergement, à administrer un compte bancaire afin de financer ces mesures. Toutefois le mandat ne confère pas l'autorité de tutelle au mandataire et en cas de décès du mandant, si le mandat de protection perdure dans ce cas précis, une mesure de tutelle sera nécessaire. Elle remplacera à terme le mandat.

4

Avec le mandat de protection future :

- ✓ je suis le mandant (celui qui donne le mandat) ;
- ✓ la personne que je désigne et qui accepte est le mandataire.

5

Le mandat de protection future peut être dénoncé à tout moment par le mandant ou le mandataire. Si le mandataire démissionne du mandat alors que le mandant est en situation d'incapacité, il conviendra d'introduire une mesure de protection légale si cette incapacité devait durer.

6

Le mandat de protection future peut être rédigé de deux façons :

- ✓ par acte sous seing privé c'est-à-dire par moi-même. On peut utiliser le formulaire Cerfa à disposition sur le site du ministère de la justice. Un acte sous seing privé suppose des mentions obligatoires telles la signature, la date, le lieu, une formule d'acceptation non équivoque de chaque partie.
- ✓ Par acte notarié dit aussi « acte authentique ».

2 Comment protéger une personne vulnérable ? Tutelle, curatelle, sauvegarde de justice

Ici l'hypothèse est toute autre. Vous êtes en situation de dépendance ou de vulnérabilité et n'avez pas pu vous organiser. Par exemple vous êtes hospitalisé et ne pouvez gérer votre patrimoine, vous avez de grandes difficultés pour vous déplacer, souffrez d'une maladie de type Alzheimer ... et de ce fait avez besoin d'une assistance pour certains actes de gestion.
Trois dispositifs existent. Sachez que, sauf cas de démence, ils ne peuvent vous être imposés et en tout état de cause, vous serez toujours associé à la mesure de protection.
Ces dispositifs sont temporaires et surtout exceptionnels. C'est-à-dire qu'un magistrat, le juge des tutelles dans ce cas précis, n'y aura recours que dans l'hypothèse où aucune autre mesure d'assistance n'est possible.

La protection juridique d'une personne majeure repose sur trois dispositifs :

- la sauvegarde de justice,
- la curatelle,
- la tutelle.

S'agissant d'une personne âgée, cette protection ne doit pas être assimilée aux idées d'incapacité, d'inaptitude voire de sénilité. Mettre en protection une personne, c'est vouloir l'accompagner. Cela se discute et se partage. Avec l'intéressé bien sûr, avec sa famille ensuite et avec le médecin traitant.

Ne doutons pas du fait que la mesure puisse être nécessaire en cas de réelle incapacité. Mais ce n'est pas l'unique intérêt du dispositif et en réformant le droit de la protection juridique des majeurs, le législateur a souhaité replacer la personne au cœur des dispositifs.
Le placement sous protection judiciaire est une décision grave que le juge n'ordonne qu'en cas de nécessité. La protection des plus fragiles doit être assurée en priorité par les familles. C'est pourquoi le juge des tutelles cherche d'abord une prise en charge par le conjoint en vertu des obligations entre les époux, ou par les enfants. La personne âgée peut également confier des mandats limités à des proches pour certains actes de la vie courante (aller chercher un courrier par exemple) ou de gestion. La famille dans son sens large c'est-à-dire élargie aux petits-enfants et aux collatéraux, peut aussi accomplir de nombreux actes d'administration courante : signer un contrat d'assurance, payer l'hébergement en maison de retraite, gérer le quotidien en réglant des factures ...
Ce n'est que si ces solutions s'avèrent insuffisantes que le juge prononce une mesure de protection.
Dès lors, ce n'est pas parce qu'une personne confond euros et francs, avoue son incapacité à utiliser internet, se plaint d'être harcelée au téléphone par

des démarcheurs de tout genre et a pu, par méconnaissance des règles de droit, accepter une proposition commerciale, qu'il faut envisager une mesure de protection judiciaire. Sinon vous devriez le faire avec un grand nombre de personnes adultes âgées de 18 à 99 ans.

Une réforme du dispositif de protection judiciaire des majeurs entre en vigueur au 1er janvier 2009. Elle rénove des dispositions souvent obsolètes et replace la personne âgée au cœur du dispositif. Voici les principales règles présentées sous la forme de questions/ réponses.

Qui peut demander une telle mesure ?

La demande d'ouverture de la mesure peut être présentée au juge par l'intéressé, son conjoint, son partenaire de Pacs ou son concubin, un parent, un(e) allié(e) (parent par alliance), un(e) ami(e) qui entretient des liens étroits et stables avec l'intéressé (depuis le 1er janvier 2009).

Elle peut également être introduite par l'intermédiaire du procureur de la république qui saisira ensuite le juge des tutelles.

Puis-je en faire la demande pour moi-même ?

Bien sûr, mais pensez également à la solution du mandat de protection future souvent plus adaptée et surtout plus souple.
Si vous faites la demande pour vous-même, vous devrez suivre les mêmes modalités et idéalement désigner une personne de votre choix qui deviendra alors votre tuteur ou votre curateur.
Acceptez simplement que le magistrat choisisse la mesure de protection la plus souple, à savoir la sauvegarde de justice.

Je suis directeur d'un établissement d'hébergement pour personnes âgées : puis-je faire la demande pour un résident ?

Effectivement cette situation peut se poser alors qu'un résident vit éloigné des membres de sa famille et que surviennent des échéances d'administration de son patrimoine, de paiement de l'hébergement ou tout simplement de représentation.
Le directeur d'un établissement peut formuler cette demande. Il saisira pour cela le procureur de la république et produira les documents exigés pour introduire une telle demande.
En droit, rien ne s'oppose à ce que le directeur d'un établissement puisse ensuite être désigné comme tuteur ou curateur. Toutefois la confusion des

intérêts incite à la plus grande prudence et à rechercher l'assistance d'un tuteur issu d'une association de protection des majeurs.

Je ne veux rien imposer à mon parent. Sera-t-il associé à la décision du juge ?

C'est l'un des objectifs de la réforme qui prend effet au 1er janvier 2009. Elle replace la personne âgée au cœur du dispositif. Ainsi votre proche sera automatiquement associé à son projet de protection. Avant l'ouverture d'une mesure, il sera entendu par le juge des tutelles. Il pourra être accompagné par un avocat ou, avec l'accord du juge, par toute personne de son choix. Toutefois, s'il est hors d'état d'exprimer sa volonté ou si son audition peut porter atteinte à sa santé, le juge, après avis du médecin, ne l'auditionnera pas.

A qui faut-il s'adresser et comment ?

La personne qui introduit la demande doit s'adresser au juge des tutelles du tribunal d'instance du domicile du parent. Elle le fera par lettre simple ou en remplissant un formulaire sur place.

Cette demande :

- doit être motivée en indiquant les raisons de la demande, en expliquant les risques pris par la personne, la situation de danger dans laquelle elle se trouve. Elle désignera des témoins qui pourront être auditionnés par le magistrat. Ces derniers devant alors exprimer leur accord pour venir témoigner.
- Elle sera accompagnée d'un certificat médical établit par un médecin agréé. La liste des médecins agrées est disponible au greffe du tribunal. Le médecin rencontrera la personne que l'on souhaite protéger, s'entretiendra avec le médecin traitant et précisera dans son certificat médical en quoi l'état de santé de la personne ne lui permet plus d'exprimer sa volonté ou pourquoi il ne peut plus accomplir seul des actes de la vie courante. Un simple handicap physique ou des dépenses compulsives ne sauraient justifier une telle mesure.

Le magistrat va d'abord vérifier qu'aucune autre solution n'est possible notamment si la famille peut l'entourer. Il peut prononcer des mesures différentes selon le degré d'assistance nécessaire.
La mesure donnera lieu à une publicité au secrétariat-greffe du tribunal de grande instance dans le ressort duquel est née la personne protégée et par mention en marge de l'acte de naissance.

Le jugement d'ouverture de la mesure de protection n'est opposable aux tiers que deux mois après que les mesures de publicité aient été réalisées, sauf si ce tiers en avait connaissance avant.

La protection judiciaire sera-t-elle proportionnelle à l'altération des facultés ?

Oui ! Lorsqu'il ouvre une mesure de protection, le juge choisit le régime le mieux adapté à l'altération des capacités.
L'ouverture d'une mesure de protection est un acte grave qui contraint l'intéressé et réduit ses droits. La mission du juge est de protéger les intérêts du majeur et ses libertés fondamentales. S'il estime que la mesure n'est pas nécessaire, il rejettera la requête. Il pourra choisir également de l'aménager et opter pour l'un des trois dispositifs tout en l'encadrant.
La personne que l'on souhaite protéger doit présenter une altération de ses facultés mentales ou physiques. La pratique judiciaire confronte à des situations dans lesquelles des enfants ou des ayants droit introduisent des demandes de mise sous tutelle car ils estiment que leur père où leur mère porte atteinte « au patrimoine familial » par des actes de gestion inconsidérés. A tort estiment les juges car d'une part il n'existe pas de « patrimoine familial », d'autre part toute personne est en droit de jouir de ses biens à sa convenance. Acheter, vendre, donner ... ne constituent pas une cause d'altération des facultés mentales.
Dans une autre affaire, une personne âgée de 78 ans avait renoué avec un amour de jeunesse. Le couple, lui 78 ans et elle 75 ans, avait entrepris un tour du monde au grand dam des enfants qui constataient que la grande « maison de famille » avait été mise en vente pour couvrir les frais de ce tour du monde. La tentative de mise sous tutelle du père fut rejetée à juste titre car fondée sur aucun motif d'incapacité si ce n'est la volonté des enfants de défendre leurs propres intérêts.

La protection judiciaire portera-t-elle uniquement sur les biens ?

En principe la mesure est destinée à la protection à la fois de la personne (accompagnement dans ses décisions de vie, dans son suivi médical) et de ses intérêts patrimoniaux. Elle peut toutefois être limitée expressément à l'une de ces deux missions en fonction de l'altération des facultés qui est constatée.

S'agit-il d'une décision définitive ?

Non ! Depuis 2009, ces mesures sont limitées dans le temps. La sauvegarde de justice ne pourra être prise que pour deux ans maximum. La curatelle et la tutelle ne pourront être prononcées que pour cinq ans. Le juge pourra prolonger la mesure pour une durée identique ou plus courte en fonction de l'altération des facultés de la personne protégée. S'il choisit de prolonger, il devra consulter le médecin agréé et motiver sa décision. Ce sera le cas par exemple pour une personne atteinte de la maladie d'Alzheimer et dont l'état ne peut s'améliorer.

Qui représentera ou assistera mon parent ?

Le magistrat va d'abord se tourner vers l'entourage immédiat de la personne. Ainsi, s'il est possible de le faire, il désignera le conjoint ou le partenaire pacsé. En leur absence ou si une autre cause empêche de lui confier la mesure, il peut désigner un parent (un enfant par exemple), un allié ou désormais un ou une amie qui a des liens étroits et stables avec la personne à protéger.
Le juge des tutelles peut imposer son choix, cependant la plupart du temps il recueille l'avis et l'accord de tous et surtout l'accord de la personne à protéger.
La réunion du conseil de famille est ainsi une étape clé dans ce processus de sélection de la personne en charge d'assurer la protection.
Si aucun membre de la famille ne peut ou ne veut assumer cette charge, ou si le magistrat estime que l'intérêt de la personne requiert une autre personne, il désignera un mandataire judiciaire à la protection des majeurs.

La personne âgée peut-elle continuer à prendre certaines décisions ?

Les mesures de protection ne visent pas à remplacer la personne âgée dans l'administration de ses biens et la vie courante. Seule la tutelle est un dispositif qui permet de substituer à la personne protégée une autre : le tuteur. Sinon, dans le cas de la sauvegarde de justice comme de la curatelle, la personne reste libre de ses agissements. Elle est alors accompagnée et conseillée.
Si son état de santé le permet, son autonomie sera favorisée. Elle va être progressivement accompagnée selon la diminution progressive de ses facultés. Il sera impératif de respecter sa volonté dès lors qu'elle l'exprimera : choix d'un lieu de vie, décision d'accepter ou non un acte médical ...
La tutelle ne remet pas en cause certains droits fondamentaux tels le choix de sa vie sentimentale ou sexuelle, les droits civiques, le droit d'aller et venir. Des mesures pourront d'ailleurs être prises pour favoriser cette autonomie comme le fait de souscrire une carte de retrait avec débit limité auprès d'une banque.
Ce n'est que dans des cas très rares, face à une incapacité complète, que le magistrat retirera temporairement ces droits fondamentaux.

Que faire si la personne refuse la mesure de protection ?

Cette situation est hélas plus fréquente qu'on ne le pense. Elle peut résulter d'intérêts divergents ou des difficultés pour des proches d'assurer eux-mêmes la protection d'une personne âgée.

La mesure de protection peut aussi être l'étape préalable à d'autres décisions de gestion du patrimoine ou de choix de vie. Ce sera la procédure à retenir en présence d'une personne désorientée qui souhaite coûte que coûte rester chez elle alors que son état de santé requiert un hébergement en EHPAD (établissement d'accueil pour personnes âgées dépendantes). La mise sous tutelle sera alors une étape nécessaire. Mais l'on peut penser que l'intéressée s'y opposera nécessitant la mise en œuvre de la procédure décrite ci-après. Mais attention ! Dans le cas décrit, il est indispensable de motiver la demande en expliquant que l'étape suivante sera une demande de placement en EHPAD.

☞ **Que faire dans ces cas** ?

La mise sous un régime de protection d'une personne résulte d'une procédure déjà décrite :

- déposer une demande motivée auprès du juge des tutelles du tribunal d'instance du domicile de la personne âgée ;
- cette demande sera accompagnée d'un avis médical d'un médecin agréé. Un tel avis suppose que le médecin rencontre la personne à protéger.

☞ **Mais que faire si la personne refuse de rencontrer ce médecin ?**

- il conviendra de saisir le procureur de la république de la demande en motivant celle-ci et en apportant la preuve du refus de rencontrer le médecin agréé ;
- le procureur de la république désignera un nouveau médecin qui convoquera la personne à protéger ou se rendra à son domicile ;
- si celle-ci ne se rend pas au rendez-vous, le médecin établira un certificat de carence et il sera possible de saisir le juge des tutelles.

☞ **Les recours**

Le recours contre la décision qui refuse une mesure de protection n'est ouvert qu'au requérant (art. 1255 et 1262 du nouveau code de procédure civile). Le recours contre la décision qui autorise la mesure ou refuse d'en donner la mainlevée peut être formé soit par la personne protégée, son conjoint, son partenaire, un allié (parent), un(e) ami(e) entretenant une relation durable ... dans un délai de 15 jours.

Sauvegarde de justice, curatelle ou tutelle ?

Ces trois mesures correspondent chacune à un registre différent. Il est donc faux de considérer que la sauvegarde de justice sera suivie d'une mesure de curatelle qui sera elle-même suivie d'une mesure de tutelle.

La sauvegarde de justice est par nature une mesure provisoire. Elle ne prive pas la personne de ses droits et vise simplement à protéger ses intérêts.
La curatelle permet de faire accompagner la personne protégée. Le curateur ne remplace pas la personne. Il n'a pas, par exemple, de procuration et de mandat général pour administrer les biens. Cependant si le curateur n'appose pas sa signature sur un acte (achat, vente, bail ...), celui-ci n'est plus possible. Il n'est pas nul, mais il lui manque une condition : celle de l'accord du curateur.
La tutelle est mise en place dans le cas d'une réelle incapacité. Aussi le magistrat préférera-t-il mettre en œuvre un régime moins contraignant pour la personne protégée, quitte ensuite à prononcer une mesure de tutelle. Il s'agira alors de la curatelle.
Si la personne est mariée ou pacsée, son conjoint ou partenaire pacsé sera curateur de droit. Il sera en charge de conseiller et surveiller la gestion des biens. L'obtention d'un crédit par exemple, l'achat ou la vente d'un bien ne pourront se faire qu'avec son accord. Par contre le curateur n'administre pas le patrimoine de la personne protégée et n'a pas de pouvoir de signature. La curatelle ne modifie pas non plus le régime matrimonial et si les époux étaient mariés sous le régime de la séparation de biens, ce régime demeure.

La sauvegarde de justice comme la curatelle ne se présument pas. Le droit civil entend protéger les parties au contrat. Si celui-ci est passé dans des conditions régulières, le cocontractant sera présumé de bonne foi. Il appartient donc au curateur de faire valoir son rôle et son mandat préalablement.

Curatelle simple, curatelle aménagée et curatelle renforcée

Ces trois notions font référence aux articles 467 à 470 du code civil pour la curatelle simple, à l'article 471 pour la curatelle aménagée et à l'article 472 pour la curatelle dite « renforcée ».
Si dans son principe, la curatelle consiste à assister la personne dans tous les actes de disposition c'est-à-dire visant à acquérir, vendre, emprunter ou donner, la curatelle aménagée consiste pour le juge à prévoir des conditions plus souples ou parfois plus contraignantes. Il s'agit de la curatelle aménagée.
En pratique, la curatelle aménagée concerne la gestion d'un bien ou d'un type d'actes juridiques : la capacité d'emprunter par exemple.

La curatelle renforcée se rapproche quant à elle de la tutelle. Elle consiste à prévoir pour certains actes de gestion, l'intervention seule du curateur. Par contre pour toutes les autres situations le majeur protégé garde une autonomie. Dans la curatelle renforcée, le curateur peut ainsi percevoir directement des capitaux, à charge pour lui de les placer dans un compte à disposition du majeur, conclure ou résilier un bail, ouvrir ou fermer un compte bancaire.

Les trois mesures de protection

La sauvegarde de justice	La curatelle	La tutelle
La personne protégée conserve l'exercice de ses droits. C'est une mesure provisoire qui s'adresse plus particulièrement aux personnes dont les facultés sont altérées de façon passagère, celles qui ont besoin d'une représentation pour certains actes déterminés, ou encore en attente d'une mesure plus forte. Elle sera suffisante si la personne concernée peut encore gérer ses biens mais a besoin d'être soutenue pour certaines actions. Elle peut être retenue pour une mission particulière : assister la personne protégée pour la vente d'une maison, puis s'éteindre ensuite.	La personne protégée conserve la capacité d'accomplir certains actes alors que pour d'autres, elle doit agir avec l'assistance de son curateur. Il appose sa signature à côté de celle de la personne protégée. Le curateur assiste et contrôle mais il ne remplace pas la personne protégée. Grâce à son rôle de contrôle, le curateur peut intervenir pour obtenir l'annulation ou la rescision pour lésion. La curatelle vise à protéger la personne dans la vie courante. Elle conserve l'intégralité de ses droits et peut, par exemple, payer des factures, effectuer des retraits d'argent, aller où elle le souhaite. Mais pour des actes importants tels que la vente, l'achat d'un bien ou un emprunt, elle sera assistée.	La personne protégée ne peut accomplir presque aucun acte seule. Quelqu'un la représente et agit à sa place. La tutelle est donc réservée aux cas les plus graves. La tutelle s'impose si les facultés mentales ou physiques ne permettent plus à la personne protégée de manifester sa volonté. Elle ne peut agir seule. Dans ce cas le tuteur ou le conseil de famille se substitue à elle ou exerce un contrôle. Par contre, elle garde ses droits civiques, sa liberté d'aller et venir, de résidence, de vivre avec la personne de son choix ... sauf si le magistrat en décide autrement et choisit de limiter ces droits. Mais cette décision sera exceptionnelle et limitée dans le temps.

Le conseil de famille

Cette instance est constituée dans le cadre de la protection d'un mineur. Le conseil de famille est un des organes de la tutelle. Il est composé de quatre à six membres choisis par le juge des tutelles parmi les membres de la famille proche du mineur ou, en leur absence ou si leur résidence éloignée du domicile du mineur ou si leur âge, leurs fonctions ne permet pas de les réunir facilement, des amis de la famille, des voisins ou des personnes s'intéressant au mineur. Il se réunit sous la présidence du Juge des Tutelles. Il intervient pour des actes de gestion du patrimoine ou des décisions concernant la personne : autoriser un mariage par exemple.

La protection de justice en pratique

1

Déplacez-vous au **Tribunal d'instance** du domicile de la personne à protéger. Vous y obtiendrez la liste des médecins agréés ainsi que le formulaire de demande de placement sous tutelle, curatelle ou sauvegarde de justice. Vous obtiendrez également toutes les informations pratiques ainsi que les adresses utiles.

2

Prenez rendez-vous avec l'un **des médecins agréés** et organisez la visite médicale avec l'accord de votre parent. Il établira, s'il estime la demande fondée, une attestation précisant la situation de votre parent, l'altération éventuelle de ses facultés physiques ou mentales ainsi que l'évolution probable de cette altération. Le coût de la visite a été fixé par décret à 160 € pour l'année 2008.

3

Vous déposerez le dossier complet :

- ✓ formulaire
- ✓ certificat médical
- ✓ identité de la personne à protéger
- ✓ énoncé des faits qui motivent votre demande
- ✓ si vous le pouvez, l'accord express de votre parent

auprès du **greffe du tribunal de grande instance.** Le dossier sera étudié **par le Juge des tutelles** qui vous convoquera ainsi que la personne à protéger. Il pourra demander la convocation du conseil de famille ou entendre toute autre personne avant de se prononcer.

4

N'hésitez pas à consulter :
Le site du ministère de la justice : www.tutelles.justice.gouv.fr
La fédération nationale des associations tutélaires : www.fnat.net

Le coût de la protection

La procédure de mise sous tutelle ou curatelle est gratuite hormis le coût de la consultation médicale. Par ailleurs, si le juge des tutelles nomme un proche pour être tuteur ou curateur, ce dernier accomplit sa mission gratuitement.

En revanche, s'il confie cette charge à un professionnel, la mesure est payante. Le financement du mandataire judiciaire à la protection des majeurs est assuré par la personne protégée. Si elle ne peut assumer cette charge intégralement, la collectivité publique prend le relais.

Les exemples présentés ci-dessous peuvent être adaptés en fonction de la décision du juge des tutelles. Elles ne constituent pas une liste figée répartissant les attributions du majeur protégé et de son représentant.

Sauvegarde de justice

Actes pouvant être réalisés par la personne protégée

- ✓ se déplacer, voyager ;
- ✓ vie sentimentale, rencontrer les personnes de son choix ;
- ✓ pratiquer une activité, une religion ;
- ✓ retirer de l'argent, achats de la vie courante ;
- ✓ percevoir des revenus sur un compte ouvert à son nom et portant mention de la mesure de protection ;
- ✓ rédiger un testament ;
- ✓ changer le bénéficiaire d'une assurance vie ;
- ✓ rompre un Pacs ;
- ✓ reconnaître un enfant ;
- ✓ conclure un contrat pour l'emploi d'une aide à domicile.

Actes devant être réalisés avec la présence ou l'assistance du représentant légal

- ✓ acheter, vendre un bien immobilier ;
- ✓ acheter, vendre des biens mobiliers, titres, actions ...
- ✓ conclure un contrat d'assurance vie ;
- ✓ mariage, divorce, conclure un PACS, dissoudre un régime de communauté ;
- ✓ ouvrir un compte (au nom de la personne protégée exclusivement).

Curatelle

Actes pouvant être réalisés par la personne protégée

- ✓ se déplacer, voyager ;
- ✓ retirer de l'argent (avec une carte de crédit à débit limité) ;
- ✓ vie sentimentale, rencontrer les personnes de son choix ;
- ✓ pratiquer une activité, une religion, changer de lieu d'habitation ;
- ✓ rédiger un testament sous réserve des dispositions de l'article 901 du code civil.

Actes pouvant être réalisés avec la présence ou l'assistance du curateur

- ✓ mariage, divorce, conclure un Pacs, dissoudre la communauté (sauf si le curateur est la personne liée au majeur protégé. Dans ce cas, le juge des tutelles désignera un autre curateur) ;
- ✓ percevoir des revenus sur un compte ouvert à son nom et mentionnant le régime de curatelle ;
- ✓ achat, vente d'un bien immobilier ;
- ✓ conclure un contrat pour l'emploi d'une aide à domicile ;
- ✓ achat, vente de biens mobiliers, titres, actions ;
- ✓ souscrire une assurance vie, changer le bénéficiaire (sauf si le curateur est le bénéficiaire ou la personne qui perd le bénéfice de l'assurance) ;
- ✓ contrat d'hébergement en EHPAD ou établissement de retraite (la signature du curateur sera nécessaire pour l'établissement du contrat d'hébergement) ;
- ✓ ouvrir un compte bancaire ;
- ✓ rédiger un testament authentique (dans ce cas, le juge des tutelles désignera un subrogé tuteur).

Curatelle renforcée

Actes pouvant être réalisés par la personne protégée

- ✓ se déplacer, voyager. Mais dans les faits, sa liberté de mouvement peut être entravée par l'absence de moyens de paiement ;

- ✓ retirer de l'argent (avec une carte de crédit à débit limité) ;
- ✓ vie sentimentale, rencontrer les personnes de son choix ;
- ✓ pratiquer une activité, une religion ;
- ✓ réaliser les actes de la vie courante.

Actes pouvant être réalisés avec l'assistance du curateur

- ✓ changer de lieu de résidence ;
- ✓ percevoir des revenus sur un compte ouvert à son nom et portant mention du régime de curatelle ;
- ✓ introduire une action en rescision pour lésion ;
- ✓ mariage, divorce, conclure un Pacs, dissoudre la communauté (sauf si le curateur est la personne liée au majeur protégé. Dans ce cas, le juge des tutelles désignera un autre curateur appelé « subrogé curateur ») ;
- ✓ souscrire une assurance vie, changer le bénéficiaire (sauf si le curateur est le bénéficiaire ou la personne qui perd le bénéfice de l'assurance) ;
- ✓ ouvrir un compte bancaire (avec mention de la mesure de protection) ;
- ✓ introduire une action en justice ;
- ✓ conclure un contrat pour l'emploi d'une aide à domicile.

Actes pouvant être réalisés par représentation (par le curateur) sous réserve de l'autorisation du juge des tutelles

- ✓ achat, vente d'un bien immobilier ;
- ✓ achat, vente de biens mobiliers, titres, actions ;
- ✓ contrat d'hébergement en EHPAD ou établissement de retraite avec l'autorisation du juge des tutelles ;
- ✓ acceptation d'une succession ;
- ✓ conclure un bail, le résilier ;
- ✓ introduire une action en rescision pour lésion ou une action en nullité ;
- ✓ ouvrir un compte bancaire, percevoir des revenus et régler des dépenses.

Tutelle

Actes pouvant être réalisés par la personne protégée

- ✓ actes de la vie courante ;
- ✓ vie sentimentale, rencontrer les personnes de son choix, pratiquer une religion
- ✓ utiliser une carte à débit limité.

Actes pouvant être réalisés par le tuteur ou avec le tuteur

- ✓ paiement d'une facture ;
- ✓ percevoir des revenus et régler des dépenses sur un compte ouvert à son nom et portant mention du régime de protection ;
- ✓ accepter une succession, procéder à une donation ;
- ✓ conclure un bail, le résilier ;
- ✓ souscrire une assurance-vie, changer le bénéficiaire (sauf si le tuteur est concerné) ;
- ✓ mariage, Pacs, divorce, rupture du pacs (avec l'autorisation du conseil de famille ou du juge des tutelles) ;
- ✓ conclure un contrat pour une assistance à domicile.

Actes pouvant être réalisés par le tuteur avec l'autorisation du juge des tutelles.

- ✓ acheter, vendre un bien immobilier ;
- ✓ acheter, céder des biens mobiliers, titres ;
- ✓ signer un contrat d'hébergement dans une maison de retraite ;
- ✓ introduire une action en justice.

Désigner une personne de confiance pour m'assister lors d'actes de la vie courante ou consultations médicales

Vous souhaitez préparer l'avenir et une éventuelle situation de dépendance. Vous estimez ne pas être en mesure d'apprécier seul (e) les conséquences de certaines décisions telles qu'une hospitalisation, un traitement médical ...
Il existe le mandat de protection future. Mais vous pouvez aussi opter pour une solution plus simple adaptée à certaines situations : désigner une personne de confiance.

☞ Dans quel cas l'envisager ?

Par exemple, si vous n'êtes plus en mesure d'exprimer votre volonté, cette personne sera consultée en priorité par l'équipe soignante. Son avis prévaut sur celui de proches (enfants, conjoint) mais bien sûr pas sur celui du médecin. Ce peut être une personne que vous désignez si, atteint d'une maladie grave ou incurable, vous souhaitez que certaines décisions soient prises en matière de soins palliatifs. Cette personne ne prendra pas la décision de les interrompre mais sera informée de votre situation de santé et de l'éventuelle décision de l'équipe médicale.
Vous pouvez ainsi désigner toute personne de votre choix : conjoint, parent, voisin, ami ... Il vous suffit de rédiger un courrier sur le modèle ci-après. Bien sûr, vous ferez signer la personne que vous avez désignée afin de marquer son consentement et remettrez ou ferez remettre cette lettre à l'équipe médicale.
Il est à noter que lors de votre arrivée dans un établissement hospitalier, on vous demandera de désigner une telle personne afin de pouvoir la consulter dans le cas où vous ne pourriez pas manifester votre volonté.

> Je soussigné (e) .... né (e) le ... à ..., demeurant ...
> Selon les dispositions de l'article L 1111-6 du code de la santé publique, considérant que je peux me trouver dans un état physique ou mental qui ne me permette pas d'exprimer mes souhaits au sujet de ma propre santé, désigne la personne de confiance suivante :
> Monsieur / Madame / Mademoiselle ... demeurant à ... et dont les coordonnées sont les suivantes (donnez toutes les coordonnées permettant de joindre rapidement cette personne).
> Elle pourra agir dans mon intérêt, m'accompagner dans mes démarches, participer aux entretiens médicaux afin de m'aider dans la prise de décision.
> Si je ne suis plus dans la capacité d'exprimer ma volonté, elle sera consultée en priorité par l'équipe médicale sur toute intervention, investigation, limitation ou arrêt de traitement susceptible de mettre ma vie en danger en application de l'article L 1111-6 du code de la santé publique ...
>
> Votre signature   Celle de la personne désignée

La « personne de confiance » est un dispositif mis en place par le code de la santé publique dans le cadre de réflexions sur la fin de vie et les soins palliatifs. Toutefois, il peut être repris dans différentes situations.

La personne de confiance ne dispose pas de droits particuliers. Elle n'a pas la capacité à gérer le patrimoine, prendre des mesures d'administration. Elle ne se substitue pas au tuteur, au mandataire de protection future ou aux proches. Elle sera consultée par le médecin dans l'hypothèse où vous ne seriez plus en état de manifester votre volonté. Elle va parler en votre nom.
Le médecin ne sera pas tenu de suivre son avis, mais dans la pratique il cherchera à adapter son intervention à l'expression de votre volonté.

3 La protection civile de la personne âgée

Nous sommes ici dans le droit civil.
L'âge n'est pas la cause d'une protection juridique particulière. Avec une certaine malice, les magistrats soulignent d'ailleurs dans certaines décisions que l'âge confère une expérience et constitue une très bonne protection contre des arnaqueurs de tout genre.
Par contre une situation de dépendance ou de faiblesse justifie une telle protection. Vous pouvez en effet considérer qu'une personne a pu profiter d'un moment de détresse lié à un décès par exemple, la désorientation due à la maladie ou une fatigue pour obtenir de vous un avantage.

Quatre dispositifs méritent une attention particulière, sachant bien sûr que l'ensemble des voies de recours en matière civil reste ouvert, qu'il s'agisse de la responsabilité contractuelle ou délictuelle. Toutefois, il faut souligner que seule la personne appelée au contrat ou s'estimant victime d'un préjudice peut agir. A l'exception du tuteur, aucune autre personne ne pourrait se substituer à la personne âgée.

Ces quatre dispositifs sont :

- ✓ l'avantage excessif ;
- ✓ le dol ;
- ✓ la lésion et l'action pour rescision pour lésion ;
- ✓ la violence.

L'avantage excessif

Si vous estimez qu'un contrat signé accorde un avantage excessif à l'autre partie, vous pouvez demander la nullité du contrat.
En droit civil, le fondement de cette action est la lésion.

Cette action ne peut être intentée qu'aux conditions suivantes :

1. L'avantage excessif doit avoir existé au moment de la conclusion du contrat. Un contrat qui, sans être exagérément inégal lors de sa conclusion, le devient plus tard peut être adapté mais il n'y a pas lieu de l'annuler ni d'évoquer une lésion ou un dol.

2. Comme le terme "excessif" l'exprime, même une disparité considérable dans la valeur ou le prix ou tout autre élément qui bouscule l'équilibre des prestations ne suffit pas à permettre

l'annulation ou l'adaptation du contrat. Ce que l'on exige, c'est que le déséquilibre soit si grand "qu'il chose la conscience d'une personne raisonnable" pour reprendre une expression retenue par la jurisprudence.

3. L'avantage doit être excessif mais également injustifié. En effet, le droit civil érige la liberté contractuelle comme un principe fondamental. Dès lors chacun négocie selon ses intérêts propres et il n'y aurait rien d'anormal au fait qu'une des parties accorde une valeur supérieure à un bien, alors que l'autre considérerait que ce même bien n'a pas de valeur.

4. Afin d'apprécier l'existence d'un tel avantage excessif, on recherchera s'il y avait un pouvoir de négociation inégal. Ce serait le cas si l'une des parties a profité d'une manière déloyale de l'état de dépendance, de la détresse économique, de l'urgence des besoins, de l'imprévoyance, de l'ignorance, de l'inexpérience ou de l'inaptitude à la négociation d'une partie.

> Un couple possède un terrain. Il décide, sur proposition d'un promoteur de le partager en deux. Le premier est vendu au promoteur et le couple garde le second.
> Le promoteur ne cache pas sa volonté de bâtir une maison. Il obtient lors de la vente une servitude de passage qui coupe le second terrain en son milieu. Dans cette affaire, les magistrats n'ont pas cherché l'état de dépendance et se sont fondés sur la nature et le but de l'avantage concédé. Rien ne justifiait que la servitude passe en plein milieu du terrain. Elle aurait pu longer les deux propriétés. Le promoteur savait pertinemment que la servitude qu'il imposait privait le second terrain de l'une de ses qualités : être constructible, et octroyait au sien une qualité : celle de ne pas avoir de vis-à-vis.

5. On étudiera aussi la nature et le but du contrat. Il y a des situations dans lesquelles un avantage est excessif même si la partie qui en tire bénéfice n'a pas abusé de la situation. C'est le cas dans l'exemple présenté en encadré.

Ne sont pas des avantages excessifs :

Le contrat de vente d'un immeuble dont la valeur va être augmentée quelques mois après par l'aménagement d'un parc.

La vente par un couple de différents biens à des prix inférieurs au marché, afin de leur permettre de réserver un appartement dans une résidence pour personne âgée. L'urgence de ce choix d'hébergement leur imposant de vendre rapidement certains de leurs biens.

Le dol

On dénomme dol, l'ensemble des agissements trompeurs ayant entraîné le consentement qu'une des parties au contrat n'aurait pas donné si elle n'avait pas été victime de ces manœuvres. Le dol suppose à la fois :

1. qu'il y a un auteur, des manœuvres dolosives et que cet auteur soit animé d'une volonté de nuire,
2. et une victime de ces manœuvres qui va donc subir un préjudice et dont la volonté a été trompée par ces manœuvres.

Il convient ainsi de distinguer :

➢ le *bonus dolus* qui est le boniment du marchand, l'exagération du camelot. Il ne permet pas la nullité.

➢ du *malus dolus* qui est un mensonge grave ou une manœuvre déloyale.

Ont ainsi été considérés comme dol :

✓ Le fait de cacher l'existence d'un arrêté d'interdiction d'habiter portant sur certains appartements lors de la vente d'un immeuble. Ce fait n'était pas notoire et dans ce cas d'espèce le vendeur avait pris soin de retirer les différents avis affichés dans l'immeuble. Il y avait donc bien une manœuvre frauduleuse c'est-à-dire un ensemble d'agissements. Par contre, dans une seconde affaire, le vendeur n'avait pas signalé qu'une route nationale allait être déviée à proximité de la maison mise en vente. Ici, l'acheteur aurait du s'informer en se rendant à la mairie. Le silence ne pouvait pas être retenu comme une manœuvre. Il appartenait à l'acquéreur de s'informer de certaines restrictions et contraintes.

✓ Le fait pour un vendeur de cacher sa véritable profession. Dans cette affaire, un exploitant de minéraux découvre un terrain riche en minerais. Il va tout faire pour que le propriétaire l'ignore allant jusqu'à voler certains documents administratifs et payer un géomètre pour qu'il garde le silence. Puis il approchera le propriétaire actuel en se gardant bien de présenter sa profession. Il va se faire passer pour un paisible agriculteur souhaitant acheter le terrain pour faire passer ses bêtes vers un point d'eau. L'affaire est conclue et quelques mois plus tard, l'ancien propriétaire découvre que son terrain recèle de minéraux et qu'une carrière va voir le jour. Dans ce dossier les manœuvres sont caractérisées et le préjudice est certain.

Textes :
Code civil : articles 1116, 1255, 1353, 1967, 1674
Code des assurances : articles : L121-3, L113-8

La lésion

En droit privé, la lésion est un important défaut d'équivalence entre les prestations des parties au moment de la conclusion du contrat. Il s'agit d'un déséquilibre financier entre les prestations.

La lésion ne s'apprécie qu'au moment de la conclusion du contrat. Seul le vendeur peut s'en prévaloir. Il dispose alors d'un délai de deux ans pour agir.
La lésion se distingue du prix dérisoire car celui-ci équivaut alors à une absence de prix et le motif d'annulation serait tout autre. En outre, elle ne peut concerner les contrats aléatoires.
Enfin il ne faut pas confondre la lésion qui existe dès la conclusion du contrat et l'imprévision. Cette dernière est une "différence d'équivalence" qui se développe durant l'exécution du contrat mais pour laquelle il n'existe pas de cause d'annulation.

L'action intentée porte pour nom **la rescision pour lésion**.

On s'intéressera plus particulièrement à deux situations.

☞ La vente d'un immeuble

L'action est connue sous l'expression "lésion de plus de 7/12eme. C'est un moyen de recours ouvert au vendeur d'un bien immobilier par les articles 1674 à 1685 du code civil afin de contester la vente de ce bien ou ses conditions lorsqu'il peut établir qu'il l'a vendu moins des 5/12eme de sa valeur réelle et qu'il n'aurait jamais accepté ce prix s'il avait eu connaissance de cette valeur réelle.
La valeur à prendre en compte est celle du bien à la date de la vente. Elle est établie par trois experts qui rendront un avis concordant. Si le bien fondé de l'action du vendeur est reconnue, l'acquéreur peut soit renoncer à son achat et récupérer le prix payé, soit payer au vendeur la différence entre son prix d'achat et les 9/10ème du prix réel à dire d'expert.

> La prescription est souvent la cause du rejet d'une action d'annulation pour lésion. Dans une affaire, un couple avait signé une promesse de vente d'un terrain au profit d'une société d'économie mixte (SEM). Deux ans après, cette société levait l'option et achetait le terrain pour une valeur de l'époque de 1,9 millions de francs. Deux ans et demi après, la SEM revendait le terrain pour une valeur de 3,8 millions. Le couple tenta une action pour annulation sur le fondement de la lésion, justifiant un écart de prix supérieur des 5/12e. Il fut débouté sur le fondement de la prescription. Certes, le délai commençait à courir à partir de l'instant où la SEM avait levé l'option, mais la revente avait eu lieu après plus de deux ans.

Mais pourquoi évoquer lésion des 7/12eme si la bonne référence est 5/12eme ?

La lésion des 7/12e signifie en fait que le prix est inférieur de 5/12e de la valeur et que le vendeur a été lésé de plus de 7/12e. En fait, cela dépend sous quel angle on se place : celui du vendeur ou celui de l'acquéreur.

☞ La rescision pour lésion dans le cadre d'une succession

L'action en rescision pour lésion est également envisageable à l'encontre d'un partage successoral en cas de lésion de plus du quart. Elle se fonde alors sur les articles 887 et suivants du code civil.

Le délai pour agir est alors de 5 ans à compter du partage. Toutefois ce délai a été ramené à 2 ans par l'article 8 de la loi n° 2006-728 du 23 juin 2006 portant réforme des successions et des libéralités. Il y a de fait deux situations selon que le partage est intervenu avant cette date ou après. En effet, l'article 47-II de la loi précise *"ces dispositions ... sont applicables dès l'entrée en vigueur de la présente loi, aux indivisions existantes et aux successions ouvertes et non encore partagées à cette date".*
Le délai de prescription de 5 ans s'éteindra donc en 2011 pour des successions ou partages intervenus au 1er semestre 2006.

En matière de succession, une grande prudence s'impose. Si la succession a été organisée dans le cadre d'une donation partage, les règles sont différentes. La cour de cassation rappelle ce principe dans un arrêt largement commenté[4]. Dans cette affaire, l'épouse décède en 1981. Le conjoint survivant décide de partager les biens de la succession entre les deux enfants. Il donne à sa fille une maison provenant de ses biens propres (le couple était marié sous le régime de communauté légale et avait acquis au titre de la communauté un appartement. Par contre le mari possédait en propre une maison), et au fils un appartement indivis provenant de la communauté. Les deux enfants acceptent la donation partage. Après le décès de leur père, le fils attaque sa sœur sur le fondement de la lésion de plus du quart.
La cour de cassation va considérer qu'il y a une donation-partage cumulative qui réalise dans le même acte un partage des biens de la succession de la mère et un partage des biens du parent survivant. Dès lors, puisque les enfants acceptent, il convient de faire référence à l'article 1077-2 du code civil. L'action pour rescision pour lésion ne pouvant s'appliquer dans ce cas d'espèce.

---

[4] Arrêt n° 1558 – du 22 novembre 2005 – cassation sans renvoi en application de l'article 627, alinéa 2 du nouveau code de procédure civile.

Une autre affaire illustre la complexité de ces dossiers.
Un artisan, âgé de 65 ans, décide de prendre sa retraite. Afin d'améliorer ses revenus, il entreprend d'acheter des maisons ou des appartements, de les rénover puis de les revendre. Il trouve la maison "de ses rêves" dans un quartier bourgeois d'une ville moyenne. Elle est habitée par une personne de 80 ans et est en très mauvais état. Il obtient la vente pour la somme de 125.000 euros. Nous sommes en 2006. Voici notre artisan reprenant son ancien métier avec l'aide d'amis. Ils vont consacrer une année de leur temps pour retaper la maison. Nous sommes fin 2007 et elle a un tout autre visage. L'artisan fait évaluer son bien par un agent immobilier et ce dernier l'estime à 400.000 euros. Il décide donc de la mettre en vente. Les enfants de l'ancien propriétaire ne l'entendent pas ainsi. Ils persuadent leur père d'introduire une action en justice. Le premier motif présenté est l'abus de faiblesse et l'avantage excessif. Mais cet argument ne tient pas. L'avantage excessif s'apprécie au moment de la vente et des photos prises par l'artisan montrent que la maison était en piteux état.
Par contre, l'action au titre de la rescision pour lésion semble possible. Le délai de prescription de deux années n'est pas écoulé.
Dans ce dossier, l'artisan a intérêt à produire des factures prouvant l'achat de matériaux pour rénover la maison et mettre en évidence la plus-value apportée par son travail et celui de ses amis. Il doit aussi défendre sur le fait que la rescision doit prendre en compte la valeur de la maison au jour de l'achat et non pas de la revente.

L'affaire est toujours pendante c'est-à-dire qu'elle est en voie d'être jugée.

La violence

Le droit civil retient également la violence comme une cause de nullité d'un contrat. Elle est définie comme une contrainte exercée sur un contractant en vue d'obtenir de celui-ci un consentement forcé. Le vice de violence est posé par l'article 1109 du code civil qui parle d'un comportement "extorqué par violence". *"Il n'y a point de consentement valable si le consentement n'a été donné que par erreur ou s'il a été extorqué par violence ou surpris par dol"*.

La jurisprudence admet deux sortes de contraintes :

- ✓ une contrainte physique par laquelle l'auteur de la violence force le contractant à signer le contrat ;
- ✓ une contrainte morale sous la forme de menaces qui font pression sur la personne ou sur son entourage.

La violence doit avoir déterminé le cocontractant à consentir. Ce caractère déterminant est défini à l'article 1112 du code civil : *"il y a violence lorsqu'elle est de nature à faire impression sur une personne raisonnable, et qu'elle peut lui inspirer la crainte d'exposer sa personne ou sa fortune à un mal considérable et présent. On a égard, en cette matière, à l'âge, au sexe et à la condition des personnes".*

A la différence du dol qui doit être le fait du cocontractant, la violence peut être le fait d'un tiers.

Ont été considérés comme des cas de violence justifiant l'annulation du contrat, le triplement des honoraires d'un avocat à la veille d'une plaidoirie jugée décisive ou encore le mandat obtenu par le gendre sur les comptes bancaires de son beau-père sous la menace de placer d'office ses beaux-parents dans une maison de retraite.

Nous sommes dans le domaine du droit civil et la sanction sera donc l'annulation du contrat, son éventuelle révision et l'octroi de dommages-intérêts.
L'action peut être aussi poursuivie au plan pénal. Il convient de rappeler qu'en matière de procédure, le pénal prévaut sur le civil c'est-à-dire qu'une action intentée simultanément au pénal et au civil, sera d'abord jugée au pénal avant de l'être au civil. Ce point a une importance concernant les délais sachant que des actions peuvent s'éteindre au décès du demandeur.

4 La protection pénale de la personne âgée

Nous changeons de registre et sommes ici dans le droit pénal.
Tout comme le droit civil, le code pénal ne considère pas l'âge ou le grand âge comme une cause de protection. Et en soi, tant mieux : l'âge ne fait pas des incapables.
Par contre, le droit pénal développe une présomption de vulnérabilité.
Il existe dans le code pénal tout un arsenal visant à protéger la personne âgée dépendante : du délaissement à l'abandon en passant par la maltraitance.
Rappelons également que les règles de protection prévues par le droit civil ne concernent que la personne elle-même c'est-à-dire que seule la personne concernée par un contrat peut intervenir. Par contre, en matière pénale, un tiers peut se manifester.

Comme nous venons de le souligner, le code pénal n'envisage pas les personnes âgées comme une catégorie qu'il convient tout particulièrement de protéger. Elles sont intégrées dans un ensemble plus vaste : celui des personnes d'une "particulière vulnérabilité". Elles y retrouvent les mineurs, les personnes dont la vulnérabilité est due à la maladie, à une infirmité, à une déficience physique ou psychique ou à un état de grossesse. La vulnérabilité due à l'âge n'est donc qu'une hypothèse parmi d'autres. D'ailleurs, on peut observer que plusieurs motifs de vulnérabilité peuvent se retrouver chez la même personne.

Le Code pénal ne protège pas les personnes âgées seulement contre des actes qui portent atteinte à leur intégrité physique ou psychique – la maltraitance, au sens strict du terme –, mais aussi contre les actes qui portent atteinte à leur patrimoine. L'examen de la jurisprudence révèle d'ailleurs que la grande majorité des affaires jugées par les tribunaux correctionnels concerne le cas de personnes isolées, souvent assez fortunées et dépouillées de leurs biens par un entourage avide et sans scrupule.

Dans de nombreux cas, le code pénal fait de la vulnérabilité de la victime une circonstance aggravante d'une infraction de droit commun punissable quelle que soit la qualité de la victime. Cela signifie que la peine encourue par le coupable est sensiblement aggravée si la victime est une personne d'une particulière vulnérabilité due à l'âge ou à une autre circonstance.

Mais la loi pénale fait aussi de la vulnérabilité l'élément constitutif d'une infraction particulière qui n'est donc punissable qu'en considération de la qualité de la victime : le délaissement.

4 infractions pénales peuvent être retenues :

- Le délaissement ;
- L'abandon de famille ;
- La maltraitance et les violences habituelles ;
- L'abus frauduleux de l'état d'ignorance ou de faiblesse.

Le délaissement

L'article 223-3 du Code pénal a classé cette infraction parmi celles qui mettent une personne en danger. Elle consiste à "délaisser" en un lieu quelconque une personne qui n'est pas en mesure de se protéger en raison de son âge ou de son état physique ou psychique. La personne délaissée peut donc être abandonnée seule à son domicile, sans visites ou moyens de communication. Le texte ne sanctionne pas une simple négligence, mais un acte volontaire accompli sciemment par une personne qui a connaissance de l'état de la victime et de son incapacité à se protéger. Le délaissement peut avoir des conséquences physiques, matérielles, morales ou psychiques.

Le délaissement constitue un délit puni de cinq ans d'emprisonnement et de 75.000 € d'amende. Mais, il devient un crime si le délaissement a entraîné une infirmité permanente ou la mort de la personne délaissée.

> Une personne âgée qui vit seule depuis de longues années sans relations avec sa famille et se trouverait dans une situation de dépendance ne pourrait invoquer le délaissement dans la mesure où ses proches ne sont pas informés de sa situation et ne peuvent pas intervenir.

L'abandon de famille

L'article 205 du Code civil dispose que les enfants doivent des aliments à leurs pères et mères ou autres ascendants qui sont dans le besoin. A défaut de versement volontaire, les enfants peuvent être condamnés à verser une pension alimentaire à leurs ascendants.

> L'abandon de famille a un caractère plus automatique puisqu'il suffit de prouver que le débiteur d'aliment (le débiteur d'aliment est celui qui doit la pension) a été informé et que malgré cela il s'est soustrait à cette obligation.

L'article 227-3 du Code pénal incrimine sous le terme assez générique d'abandon de famille le fait de ne pas payer pendant plus de deux mois l'intégralité de l'obligation alimentaire mise à sa charge par une décision judiciaire exécutoire et dont on a connaissance. En outre, l'article 314-7 du Code pénal incrimine le fait d'organiser frauduleusement son insolvabilité pour ne pas payer cette dette alimentaire. L'abandon de famille est puni de deux ans d'emprisonnement et de 15 000 € d'amende, tandis que l'organisation de l'insolvabilité est punie de trois ans d'emprisonnement et de 45.000 € d'amende.

Les violences habituelles – la maltraitance

Les violences exercées occasionnellement sur des personnes vulnérables sont punies de peines aggravées par rapport à celles encourues pour des violences exercées sur des personnes non vulnérables au sens du Code pénal. Mais si les violences sont exercées habituellement sur ces personnes vulnérables, les articles 222-3 et suivants[5] du Code pénal en font l'élément constitutif d'une infraction distincte très sévèrement punie, souvent même de peines criminelles, lorsque l'atteinte à l'intégrité physique ou psychique de la victime est grave. L'application de ce texte soulève une question importante : quand peut-on dire qu'il y a habitude ? Une jurisprudence ancienne et constante de la Cour de cassation juge que, chaque fois qu'un texte fait de l'habitude un élément d'une infraction, il suffit de répéter deux fois l'acte incriminé pour caractériser l'habitude.

L'abus frauduleux de l'état d'ignorance ou de faiblesse

Cette disposition ne vise pas uniquement les personnes âgées. Elle a en effet été l'objet d'une modification par la loi du 12 juin 2001 relative à la répression des mouvements sectaires. Devant la difficulté de définir une infraction nouvelle, celle de "manipulation mentale", le législateur s'est résolu à reprendre et à aménager cette infraction préexistante.

Appliquée aux personnes âgées dépendantes, les victimes sont des personnes d'une particulière vulnérabilité due à l'âge. Mais, il faut en outre que cet âge place la personne dans un état d'ignorance ou de faiblesse dont l'auteur des actes poursuivis a abusé. Il en résulte que cet état d'ignorance ou de faiblesse ne saurait être présumé du seul fait de l'âge de la victime. L'examen de la jurisprudence révèle que les tribunaux correctionnels ne prononcent la condamnation des prévenus qu'après avoir relevé très précisément et très complètement dans chaque cas d'espèce en quoi l'âge de la victime avait eu des conséquences spécifiques la plaçant en situation d'ignorance ou de faiblesse[6].

L'actualité judiciaire présente différents cas parmi lesquels on retrouve comme auteur de l'infraction des proches de la victime qui se sont immiscés dans la vie quotidienne de personnes isolées ou qui ont réussi à écarter les membres de la famille susceptibles d'entraver leur action. On retrouve ainsi le médecin traitant, une garde-malade, une personne logée au domicile de la victime, le propriétaire de l'appartement, un boulanger apportant le pain au cours de sa tournée quotidienne.

Dans sa rédaction actuelle, le Code pénal incrimine le fait d'imposer à une personne vulnérable un acte qui lui soit "gravement préjudiciable".

Sont ainsi concernés :

- ✓ un acte qui porte atteinte au patrimoine de la victime,
- ✓ un acte à titre gratuit, tel qu'une donation disproportionnée au regard de son patrimoine,

---

[5] Code pénal : articles 121-2 – 121-3 – 222-7 et 222-8 – 222-9 et suivants

[6] Code pénal : articles 223-13-2 – 223-15-2

- ✓ un acte à titre onéreux en imposant à la personne âgée des acquisitions aussi inutiles que coûteuses,
- ✓ mais aussi les actes gravement préjudiciables à la personne même, c'est-à-dire les actes susceptibles d'avoir des conséquences pour sa vie, sa santé, son intégrité physique ou psychique.

L'intention coupable doit être clairement établie. Elle caractérise l'auteur de cette infraction. L'intention coupable suppose d'avoir agit volontairement et en connaissance de cause. Il faut à la fois que la situation qui place la victime en situation particulièrement vulnérable soit **apparente et connue** du coupable, que celui-ci ait commis un acte d'abus **frauduleux** de l'état d'ignorance ou de faiblesse de la victime et qu'il savait que l'acte qu'il lui imposait lui était gravement préjudiciable.

Les personnes physiques c'est-à-dire vous ou moi, encourent une peine de trois ans d'emprisonnement et de 375 000 € d'amende, peines portées à cinq ans et 750 000 € si l'infraction est commise par le dirigeant de fait ou de droit d'un groupement qui poursuit des activités ayant pour but ou pour effet de créer, de maintenir ou d'exploiter la sujétion psychologique ou physique des personnes qui participent à ces activités. Elles encourent en outre les nombreuses peines complémentaires prévues par l'article 223-15-3, parmi lesquelles on relèvera l'interdiction d'exercer une fonction publique ou l'activité professionnelle ou sociale dans l'exercice de laquelle l'infraction a été commise.

Les personnes morales - une société, une association ...- peuvent être déclarées pénalement responsables de cette infraction. Elles encourent l'amende et toutes les peines complémentaires prévues par l'article 131-39 du Code pénal, parmi lesquelles on mentionnera la fermeture d'établissement, l'interdiction d'exercice de l'activité professionnelle ou sociale, voire la dissolution si la personne morale a été créée ou détournée de son objet pour commettre l'infraction.

La chronique judiciaire raconte ainsi de multiples histoires telle celle de cet humoriste tombé malade. Une inconnue va s'inviter à son domicile. Comment s'y prend-t-elle ? Nul ne saura l'expliquer. Elle va d'abord se faire passer pour son médecin personnel, ensuite pour sa compagne et s'installera à demeure. Elle lui prescrira des médicaments sans rapport avec sa maladie mais qui le maintiendra dans un état second. Elle réussira surtout à écarter un à un les proches parents puis à l'isoler complètement. Une plainte pour abus de l'état de faiblesse mettra fin au calvaire de la victime et lui permettra de recevoir les soins adaptés.

Ont ainsi été jugés comme un abus de faiblesse :

- ➢ le fait pour une belle-fille de contraindre son beau-père à venir habiter chez elle puis à lui verser chaque mois un loyer et lui donner une procuration sur son compte bancaire ;

- les cadeaux demandés chaque semaine par une aide-soignante venant au domicile d'une personne âgée ;

- la procuration reçue par une voisine d'une personne âgée chez qui elle apportait des repas, procuration lui ayant permis de retirer plusieurs milliers d'euros ;

- les trois polices d'assurance signées par un couple après les sollicitations pressantes d'un agent d'assurance, alors que ces assurances ne correspondaient à aucun besoin réel ;

- la procuration reçue par le directeur d'une maison de retraite sur le compte courant mais également les comptes titres d'une personne âgée lui permettant de mettre en vente une partie de ces titres pour payer différents travaux dans la résidence.

Le code de la consommation précise à son tour dans ses articles L122-8 et suivants les règles visant à protéger les consommateurs vulnérables. *"Quiconque aura abusé de la faiblesse ou de l'ignorance d'une personne pour lui faire souscrire, par le moyen de visites à domicile, des engagements au comptant ou à crédit sous quelque forme que ce soit sera puni d'un emprisonnement de cinq ans et d'une amende de 9 000 euros ou de l'une de ces deux peines seulement, lorsque les circonstances montrent que cette personne n'était pas en mesure d'apprécier la portée des engagements qu'elle prenait ou de déceler les ruses ou artifices déployés pour la convaincre à y souscrire, ou font apparaître qu'elle a été soumise à une contrainte.*

Les personnes physiques déclarées coupables encourent également à titre de peines complémentaires l'interdiction, suivant les modalités prévues par l'article 131-27 du code pénal, soit d'exercer une fonction publique ou d'exercer l'activité professionnelle ou sociale dans l'exercice ou à l'occasion de l'exercice de laquelle l'infraction a été commise, soit d'exercer une profession commerciale ou industrielle, de diriger, d'administrer, de gérer ou de contrôler à un titre quelconque, directement ou indirectement, pour leur propre compte ou pour le compte d'autrui, une entreprise commerciale ou industrielle ou une société commerciale. Ces interdictions d'exercice peuvent être prononcées cumulativement."

Chroniques judiciaires

Dans les années 2007/2008, la chronique mondaine puis judiciaire a été marquée par une affaire de donation. Une milliardaire âgée de 85 ans avait fait don à un célèbre photographe d'une somme estimée à plusieurs centaines de millions d'euros ainsi que des tableaux.
Excessif, juge la fille de cette milliardaire qui cherche donc à faire annuler le don. Mais comment faire ?
Au plan civil, elle ne peut intervenir. Le don est licite, et sa mère a la possibilité d'user de sa fortune comme bon lui semble.
Au plan pénal, il lui faudrait démontrer des manœuvres déloyales de la part de ce photographe. Mais sa célébrité, le mécénat défendu par sa mère ... ne rendent pas l'argumentaire facile.
Elle décide donc une première démarche : démontrer que sa mère n'est pas en possession de "tous ses moyens intellectuels" et que donc elle a pu se faire abuser dans un moment de faiblesse. Bref, une mise en tutelle ou curatelle devrait permettre une action ultérieure. Mais bien sûr, sa mère refuse la mesure. La fille saisit le Procureur de la République qui désigne un médecin-expert. Nouveau refus de la mère qui fait produire une attestation de son propre médecin. Le Procureur de la République tente une démarche de conciliation en désignant un collège de médecins, dont celui qui suit la mère. Nouveau refus de cette dernière.
En l'état, le dossier est clos.
L'action est donc relancée par la fille en 2009. Ne pouvant obtenir la mise sous tutelle de sa mère, elle agit sur le fondement de l'abus de faiblesse. L'affaire se déplace donc désormais sur le champ pénal et une plainte est déposée contre le photographe.

La Cour de cassation – chambre criminelle – a rendue, le 3 novembre 2009, une décision dans une affaire mettant en cause une riche veuve, son compagnon et ses enfants ainsi que le mandataire de tutelle.
Dans les années 1990, cette riche veuve rencontre lors d'un voyage d'agrément un homme. Ils s'installent ensemble. Mais les premiers symptômes de la maladie d'Alzheimer apparaissent dans les années 1998/1999. A partir de l'année 2000, la maladie s'aggrave. Pourtant, à compter de cette date, son compagnon va obtenir de nombreux avantages : la vente d'une maison et d'appartements pour lui acheter une propriété sur la Côte d'Azur, le financement de somptueuses fêtes. Elle est placée sous tutelle en 2003 et lors d'un inventaire annuel, le tuteur s'aperçoit que de nombreuses sculptures ont disparues du domicile. Les enfants et le tuteur décident alors de déposer plainte pour abus de l'état de faiblesse et vol.
Les magistrats vont d'abord s'attacher à démontrer l'état de faiblesse puis la connaissance dont pouvait disposer le compagnon de cette personne pour obtenir des avantages. Ils vont ensuite méticuleusement analyser chaque achat et chaque vente pour démontrer que ceux-ci n'ont aucun intérêt pour la victime – ici la veuve – mais par contre qu'ils constituent un avantage considérable pour son compagnon.

5 Faire face financièrement à une perte d'autonomie

La perte d'autonomie suppose devoir faire appel à une assistance parfois quotidienne, aménager son logement ou encore envisager d'aller vivre dans un établissement spécialisé.
Cela a un coût qu'une pension retraite ne suffit pas toujours à couvrir.
Alors comment faire face à ses dépenses ? A quelles aides a-t-on droit ?
Il existe de nombreux dispositifs. N'hésitez pas à vous renseigner. Aujourd'hui l'obtention d'une réponse est désormais beaucoup plus simple puisque vous n'aurez pas à questionner plusieurs organismes : le centre social – dit CCAS ou centre communal d'action sociale – ou le CLIC de votre commune vous apporteront toute l'assistance nécessaire.
Et si vous êtes un internaute avisé, vous trouverez de nombreux sites très complets.

A quelles aides peut prétendre une personne dépendante ?

Elle peut obtenir **l'allocation personnalisée d'autonomie** (APA), qui s'adresse aux personnes de plus de 60 ans subissant une perte d'autonomie les empêchant d'accomplir seules les gestes élémentaires de la vie quotidienne (se déplacer, s'habiller, se laver…). Cette aide est versée par le conseil général. Les personnes résidant en établissement bénéficient, quant à elles, d'une réduction d'impôt de 25 % des dépenses liées à la dépendance et à l'hébergement, après déduction de l'APA, dans la limite de 10 000 €. Par ailleurs, si votre parent utilise les services d'un salarié à domicile, il a droit à un crédit d'impôt égal à 50 % des dépenses supportées, dans la limite de 20.000 €.

Quel est le montant de l'APA si je reste à mon domicile ?

La perte d'autonomie est mesurée par la grille Aggir[7] qui comporte 6 niveaux de dépendance. Seuls les 4 premiers ouvrent droit à l'allocation personnalisée d'autonomie. En 2009, le montant maximal mensuel du plan d'aide est de :

- ✓ 1.224,63 € en Gir 1 (c'est la dépendance la plus lourde) ;
- ✓ 1.049,68 € en Gir 2 ;

[7] Les définitions des différents niveaux de GIR sont présentées dans la partie « Glossaire » de cet ouvrage – rubrique GIR

- ✓ 787,26 € en Gir 3 ;
- ✓ 524,84 € en Gir 4.

Cette somme est intégralement versée si les revenus mensuels de la personne aidée sont inférieurs à 677,25 €. Au-delà, l'aide diminue, au prorata de ses revenus.

Puis-je bénéficier de l'APA si je réside en établissement ?

Oui, mais l'APA ne couvre alors que les dépenses liées à la dépendance, c'est-à-dire hors soins et frais d'hébergement. Son montant varie selon le tarif dépendance appliqué par l'établissement (il existe trois tarifs : Gir 1-2, 3-4 et 5-6) et les ressources de la personne. Par exemple, si, en 2008, ses revenus sont inférieurs à 2.233,91 € par mois, elle paiera une participation forfaitaire égale au tarif Gir 5-6 de l'établissement.
Le barème est révisable chaque année. Vous pouvez le consulter auprès des centres d'action sociale de votre commune ou auprès des services sociaux du département.

Les sommes reçues au titre de l'APA devront-elles être remboursées dans le cadre de ma succession ?

Non, l'APA n'est pas une aide récupérable. Cela signifie que l'argent versé au bénéficiaire n'a pas à être remboursé ni de son vivant, ni par ses héritiers à son décès. Mais une réforme en discussion prévoit, pour les nouveaux bénéficiaires de l'allocation, la nécessité de gager leur patrimoine pour bénéficier de la totalité de l'aide.

> Une réforme portant en partie sur l'APA est envisagée en 2010. Il est donc important de se tenir informé auprès des services sociaux du département.

Où se renseigner sur l'APA ?

Pour retirer un dossier, contactez :

- le centre communal d'action sociale (CCAS) de votre commune, à la mairie ;
- Le conseil général de votre département ;

- le centre local d'information et de coordination (CLIC[8]) le plus proche de chez vous ;
- l'établissement d'accueil.

La demande d'APA doit être adressée au président du conseil général. Il a deux mois pour faire connaître sa décision. Le degré de dépendance est quant à lui déterminé par une équipe médico-sociale.
L'APA peut être cumulée avec d'autres aides.

L'assurance dépendance : une bonne solution pour s'organiser

Il s'agit d'un choix individuel. De ce fait, aucune aide ne sera allouée pour financer la prime d'assurance. Cependant cela peut-être une solution pratique à la fois pour vous comme pour vos enfants.
Le jour où la dépendance survient, si vous aviez souscrit au préalable un contrat d'assurance dépendance, vous percevez une rente mensuelle, quelle que soit l'ancienneté de votre souscription.
On peut souscrire un tel contrat jusqu'à 70, voire 79 ans. Mais plus l'assuré est âgé, plus la cotisation d'assurance est élevée.
Un projet de réforme prévoit des incitations fiscales afin d'encourager chaque personne à assurer son risque dépendance. La possibilité de transférer son assurance vie vers un contrat d'assurance dépendance serait aussi favorisée.

L'aide personnalisée au logement (APL)

Cette aide a pour vocation de financer une partie des dépenses liées au logement. Elle est attribuée par la Caisse d'Allocations Familiales (CAF) sous condition de ressources.

Les personnes âgées hébergées en maison de retraite peuvent bénéficier de l'APL si l'établissement dans lequel elles séjournent est conventionné. Dans ce cas, des critères stricts d'hébergement doivent être respectés notamment les dimensions de la chambre (plus de 9 m² pour une chambre à un lit).

L'APL peut être versée directement au bailleur qui déduit son montant du loyer à payer.

> Le site internet de la CAF – www.caf.fr – propose de calculer vos droits à l'APL ou ALS en fonction des situations les plus courantes.

[8] Vous pouvez consulter la liste sur : www.clic-info.personnes.agees.gouv.fr

Si l'APL ne peut être obtenue, il est également possible de demander à la CAF (caisse d'allocations familiales) l'Allocation de Logement Social (ALS). L'ALS est versée directement au bénéficiaire et peut être perçue même si l'établissement d'accueil n'est pas conventionné.

L'aide sociale

Attention ! Il ne s'agit pas d'une aide financière supplémentaire.
L'aide sociale recouvre l'ensemble des aides qui peuvent exister : APA, APL, ALS ...
Chaque commune, chaque département peut déterminer des aides complémentaires. Celles-ci visent à garantir soit un minimum vital pour des personnes, soit aider à faire face à des dépenses de maintien à domicile ou d'hébergement en maison de retraite.

Rapprochez-vous du CCAS (centre communal d'action sociale) ou des services sociaux du Conseil Général afin de connaître l'existence ou non de telles aides.

Ces aides prennent en considération les ressources de la personne mais également la contribution des éventuels « débiteurs d'aliments ». En outre, elle est récupérable dans les cas suivants :

Si la situation du bénéficiaire s'améliore	C'est le cas par exemple en cas d'héritage, de donation, vente d'un bien ...
S'il y a eu une donation dans les cinq ans précédant la demande	Il s'agit de faire défaut à des situations par laquelle une personne organise son insolvabilité.
S'il est possible d'hypothéquer du vivant du bénéficiaire l'un de ses biens immobiliers	Cette demande sera formulée auprès de la personne âgée elle-même ou auprès de son tuteur ou curateur.
Sur l'héritage de la personne	Dans ce cas, la somme est récupérable au « premier euro » c'est-à-dire que l'intégralité de la somme est remboursable sur la succession.

Pensez-y !

Vous pouvez bénéficier d'autres avantages.

☞ La carte d'invalidité

Elle est attribuée à toute personne dont le taux d'incapacité est supérieur ou égal à 80%.
Elle ouvre droit à des avantages fiscaux :

- ✓ demi-part supplémentaire pour le calcul de l'impôt sur le revenu,
- ✓ abattements fiscaux lors de donations,
- ✓ exonération de taxes locales sous condition de ressources,
- ✓ réduction tarifaire pour les transports publics.

☞ L'Allocation de Solidarité aux Personnes Agées (ASPA)

L'ASPA remplace depuis le 1er janvier 2007 le Minimum Vieillesse. Il s'agit d'une allocation unique égale à la différence entre le montant du minimum garanti et le total des ressources de la personne âgée. Son montant est de 677,13 € par mois (1 147,14 € pour un couple) pour l'année 2009.
Cette prestation concerne les personnes qui n'ont pas cotisé ou trop peu et ont droit de ce fait à une très petite pension.

Quelles sont les conditions requises ?

- ✓ avoir au moins 65 ans (ou 60 ans, notamment en cas d'inaptitude au travail) et une résidence stable en France. En cas de départ à l'étranger, elle cessera d'être versée ;
- ✓ ne pas disposer de revenus dépassant 8309,27 € par an en 2009 pour une personne seule et 13 765,73 € pour un couple (marié, en concubinage ou pacsé).

Tous les revenus sont pris en compte, à quelques exceptions près. Le patrimoine, même s'il ne rapporte rien, est censé procurer des ressources, tout comme les donations faites au cours des 10 années précédant la demande.
On estime que les placements, les biens immobiliers ainsi que les donations consenties à des descendants dans les 5 années précédant la demande produisent un gain égal à 3% de leur valeur (1,5% pour les donations réalisées depuis plus de 5 ans). Pour les autres donations, leur montant est fictivement converti en rente viagère. On ne tient pas compte, en revanche, notamment : de la valeur de la résidence principale, de celle des bâtiments de l'exploitation agricole, des prestations familiales, de la retraite du combattant, de l'aide financière versée par un proche tenu à l'obligation alimentaire.

☞ La taxe d'habitation

Les personnes âgées en maison de retraite et encore propriétaires de leur ancien logement peuvent demander une remise gracieuse de la taxe d'habitation. Cette demande est à formuler auprès du centre des impôts de votre lieu d'imposition.

Il ne s'agit pas d'un droit mais d'une décision prise par l'administration fiscale au regard de votre situation.

☞ Les réductions d'impôt

Si vous résidez en maison de retraite, vous pouvez déduire de son impôt sur le revenu une partie du coût de séjour.
Depuis 2007, cette déduction est égale à 25% des dépenses d'hébergement et de prise en charge de la dépendance. Cette déduction est plafonnée à 10.000 € par an et par personne. Toutefois, ces barèmes sont susceptibles d'évoluer d'une année sur l'autre. Aussi n'hésitez pas à vous renseigner auprès de votre centre des impôts.

☞ Les autres allocations

Allocation aux vieux travailleurs salariés : 262,77 €/mois
L'allocation supplémentaire FNS : 414,35 €/mois pour une personne seule et 621,59 € pour un couple.

En pratique

	Conditions de ressources	Conditions de dépendance	Superficie du lieu de résidence	Prise en compte de l'obligation alimentaire	Montant récupérable sur la succession
APA	Non	Oui	Non	Non	Non
ALS	Oui	Non	Oui	Non	Non
Aides sociales	Oui	Non	Non	Oui	Oui
ASPA	Oui	Non	Non	Non	Oui

Vous pouvez consulter le serveur de CAP RETRAITE qui offre de nombreux services gratuits et vous permet de connaître vos droits : www.capretraite.fr

Quelques montants en référence – juin 2009

	Personne seule	**Pour un ménage**
Pension de réversion	Plafond de ressources 18.116,80 €/an	Plafond de ressources (personne remariée, en concubinage ou pacsée) : 28.986,88 €/an
ASPA	Montant alloué : 677,13€ Plafond de ressources : 8.309,27 €	Montant alloué : 1.147,14 € Plafond de ressources : 13.765,73 €
Allocation de veuvage	565,13 € Plafond de ressources : 2.229,23 € / trimestre	

APA en maison de retraite : l'allocation est calculée en fonction du tarif dépendance de l'établissement. Une part de ce tarif reste à la charge du résident en fonction de ses revenus. Le barème comprend trois tranches :

- ✓ « inférieur à 2.274,31 €/mois »
- ✓ « Compris entre 2.274,31 et 3.498,94 €/mois »
- ✓ « supérieur à 3.498,94 €/mois »

Attention ! Ce barème est susceptible de changer chaque année.

L'APA en pratique

1

L'APA ou Allocation Personnalisée d'Autonomie est versée à toute personne attestant d'une résidence stable et régulière en France, âgée d'au moins 60 ans et ayant besoin d'une aide pour l'accomplissement des actes essentiels de la vie quotidienne.

2

Le dossier de demande d'APA doit être retiré et déposé au Centre Communal d'Action Sociale (CCAS) de la mairie de la commune où réside la personne âgée. Il peut aussi être retiré dans l'établissement qui accueillera la personne âgée.

3

L'allocation est déterminée en fonction du niveau d'autonomie de la personne. Ce niveau est évalué par un médecin d'après la grille dite AGGIR qui comporte plusieurs niveaux (GIR). Le dossier est ensuite transmis à la commission départementale de l'APA. La décision est entérinée par le Président du Conseil Général du département de résidence.

4

Le montant de l'APA repose sur :

- ✓ le GIR du patient ;
- ✓ les tarifs dépendance de l'établissement et les besoins d'assistance en cas de maintien à domicile ;
- ✓ les ressources mensuelles de la personne.

5

L'APA est versée à la personne âgée ou directement à une association d'aide à domicile ou encore à un établissement de retraite avec l'accord du bénéficiaire.

6

L'APA n'est pas imposable sur le revenu. Elle n'est pas remboursable sur l'héritage de la personne bénéficiaire.
Il existe une procédure d'urgence permettant le versement d'une somme forfaitaire à titre provisoire, le temps de l'instruction du dossier.

6 L'obligation alimentaire

Qu'est-ce qu'une obligation alimentaire en faveur d'une personne âgée ?

Il s'agit de l'obligation faite par le code civil[9] : *"les enfants doivent des aliments à leurs père et mère ou autres ascendants qui sont dans le besoin"* (article 205 du code civil). Cette obligation porte également sur les conjoints entre eux et sur les personnes pacsées si la convention le prévoit.

Il n'existe pas d'obligation alimentaire entre frère et sœur, toutefois, en l'absence d'ascendants et si les frères et sœurs sont les ayants droit (c'est-à-dire vont bénéficier de la succession), ils peuvent être appelés par les services sociaux du département à participer aux frais. En cas de désaccord, le juge aux affaires familiales tranchera et fixera d'autorité cette contribution.

Cette obligation peut être partagée entre plusieurs personnes en fonction de leurs ressources. En cas de désaccord, il conviendra que l'un des "débiteurs d'aliment" saisisse le juge aux affaires familiales.
L'obligation alimentaire n'existe que si le débiteur est en mesure d'y satisfaire : ses ressources doivent d'abord lui permettre de faire face à ses propres besoins et ceux des personnes à sa charge.

.

En pratique :
le juge aux affaires familiales du lieu de résidence de la personne âgée est compétent.
Il convient de se rapprocher du greffe du Tribunal de Grande Instance afin de connaître les modalités de saisine.

☞ Comment faire valoir ce droit ?

La personne bénéficiaire de cette obligation d'aliment peut soit adresser à chaque enfant une lettre recommandée avec accusé de réception, le mettant en demeure de répondre à cette obligation, soit demander au Juge des Affaires familiales de statuer sur cette demande et fixer le montant de l'obligation.

---

[9] articles 205, 207, 206, 209, 212 et 214 du code civil

Mais de façon plus pratique encore, il est conseillé de se rapprocher des services sociaux du département ou de la commune qui vous conseilleront alors sur la démarche.

A qui est due cette obligation ?

Aux personnes qui sont en mesure de justifier "d'un état de besoin" c'est-à-dire dans l'impossibilité d'assurer leur subsistance ou les frais d'accueil dans un établissement ou une famille d'accueil agréée.
Cette initiative peut revenir aux services sociaux d'une commune ou d'un département qui prendraient en charge une personne âgée devenue dépendante.

> Le non respect de l'obligation alimentaire est sanctionné pénalement par le délit d'abandon de famille et rappelons que le non-versement deux mois consécutifs suffit à constituer ce délit.

L'obligation alimentaire est due même si la personne âgée dispose d'un patrimoine mais qu'elle ne peut pas mobiliser dans l'immédiat.

Imaginons le cas suivant : Pierre, âgé de 75 ans, est propriétaire d'une maison qu'il ne parvient plus à entretenir. Il n'a plus de ressources même si sa maison est estimée à 250.000 €. Il ne peut plus à subvenir aux dépenses de la vie quotidienne, son compte bancaire est à découvert ... Pierre peut demander que lui soit versée cette obligation alimentaire, le temps nécessaire de la vente de sa maison. On comprendra dans ce cas que les enfants aient un intérêt tout particulier à éviter une vente hâtive de la demeure et préfèreront s'organiser pour subvenir aux besoins de leur père.

Qui est concerné par l'obligation alimentaire ?

- Les conjoints entre eux au titre de l'article 212 du Code civil ;
- Les enfants envers leurs parents (article 205 du Code civil) ;
- Les personnes pacsées entre elles (article 515-4 du Code civil). Par contre, une personne pacsée n'est pas tenue à l'obligation alimentaire en faveur d'un parent de son concubin. De même, les frères et sœurs, les beaux-frères et les belles-sœurs ne sont pas soumis à l'obligation alimentaire entre eux ;

- Les gendres et les belles-filles (article 206 du Code civil) [10] ;
- Les enfants adoptés : ils ne doivent d'obligation alimentaire à leurs parents naturels (appelés aussi "parents biologiques") qu'en cas d'adoption dite "simple". L'adoption plénière abolit tous les liens avec les parents biologiques. Ils doivent par contre une obligation alimentaire à leurs parents adoptifs en cas d'adoption plénière.

Enfin depuis le 1er janvier 2006, l'obligation alimentaire n'est plus mise en œuvre à l'encontre des petits-enfants.

L'article 207 du Code civil prévoit qu'un parent qui s'est désintéressé de ses enfants court à son tour le risque d'être abandonné par eux.

> Une mère qui avait tenté d'obtenir de ses enfants une pension alimentaire alors qu'elle les avait abandonnés peu après leur naissance a ainsi été déboutée par le tribunal de grande instance de Bordeaux, le 15 décembre 1993.

Sous quelle forme verser l'obligation alimentaire ?

L'obligation alimentaire peut être versée sous la forme :

- d'une pension alimentaire (somme d'argent versée chaque mois) ;
- du paiement des frais de maison de retraite ;
- du paiement du loyer ou des charges locatives ;
- de la mise à disposition gratuite d'un logement ;
- de services (nettoyage – ménage – préparation quotidienne de repas ...).

Peut-on déduire l'obligation alimentaire de ses revenus ?

Oui, la pension versée dans le cadre de l'obligation alimentaire est déductible des revenus. La personne doit être en mesure d'apporter la preuve de son

---

[10] Article 206 : « Les gendres et belles-filles doivent également, et dans les mêmes circonstances, des aliments à leur beau-père et belle-mère, mais cette obligation cesse lorsque celui des époux qui produisait l'affinité et les enfants issus de son union avec l'autre époux sont décédés ».

versement et le bénéficiaire doit de son côté déclarer le montant de la pension alimentaire.
Si vous mettez à disposition d'un ascendant un logement à titre gratuit, vous pouvez également déduire le montant du loyer qui aurait été théoriquement payé si le logement avait été loué à un tiers ou opter pour une déduction forfaitaire annuelle (3.162 € en 2007 par ascendant hébergé).

> Mme M. – âgée de 80 ans – doit être admise dans un EHPAD. Elle a trois enfants. Deux ont des revenus suffisants. Le 3e est actuellement au chômage et perçoit les minima sociaux. Dans ce cas, seuls les deux premiers seront appelés au titre de l'obligation alimentaire. Cependant si la situation du 3e venait à s'améliorer, il serait appelé également sans cependant qu'il puisse lui être demandé des arriérés.
>
> Parmi les deux enfants appelés à l'obligation alimentaire, l'un vit en couple. Les époux se sont mariés sous le régime de la séparation de biens. L'une (en l'occurrence la fille de Mme M.) ne travaille pas, tandis que son conjoint (gendre de Mme M.) exerce une activité professionnelle. Ce sont bien l'ensemble des revenus du couple qui seront évalués et le gendre devra obligation alimentaire à Mme M.

L'obligation alimentaire peut-elle consister dans des avantages en nature ?

La réponse est également positive. Il est possible de déduire la valeur de cet avantage en nature de ses revenus imposables.
Il peut s'agir de repas préparés de façon régulière, de tâches ménagères, entretien de linge ... si ceux-ci sont réguliers et permettent à la personne âgée de ne pas exposer de dépenses. Bien sûr, ne sont admis que les actes liés à la vie quotidienne et aux besoins fondamentaux de la personne.
Vous ne pourriez par exemple, déduire les frais d'un séjour en vacances. Toutefois, pour éviter toute contestation soit de la part d'autres débiteurs d'aliments soit de l'administration fiscale, il est important de pouvoir démontrer la réalité de ces dépenses donc tenir une comptabilité à part et garder les doubles des factures, ou mieux, faire homologuer ces modalités par le Juge aux Affaires familiales.

Obligation alimentaire et aide sociale.

Pour certaines prestations, l'examen du droit d'aide sociale en faveur d'une personne âgée dépendante s'effectue au regard de l'obligation alimentaire.
L'aide sociale de la commune et du département ne peut en effet se substituer à la famille.

Le département ou la commune supplée à l'insuffisance des ressources du bénéficiaire mais demande la participation éventuelle de tous ceux qui, vis-à-vis de ce dernier, sont tenus à obligation alimentaire.
Il est important de souligner que certains départements retiennent une définition plus large des obligés alimentaires, intégrant parfois les frères et sœurs de la personne assistée ou encore les petits-enfants.

Lorsqu'une personne âgée fait appel à l'aide sociale, elle doit justifier de ses ressources personnelles mais aussi joindre à son dossier la liste nominative des personnes tenues vis-à-vis d'elle à l'obligation alimentaire.
La demande est transmise au Président du Conseil Général qui calcule la capacité contributive des obligés alimentaires. Trois cas de figure se présentent alors :

- ✓ le rejet ;
- ✓ l'admission totale ;
- ✓ l'admission partielle.

Ce dernier cas suppose que les obligés alimentaires devront participer à certaines dépenses.

La décision se fonde sur les éléments dont les services du Conseil Général disposent pour apprécier les ressources de chacun. Pour ce faire, chaque parent doit remplir un formulaire spécifique. Le Code de la Famille et de l'Aide sociale précise en effet que « *les personnes tenues à l'obligation alimentaire (...) sont, à l'occasion de toute demande de l'aide sociale, invitées à indiquer l'aide qu'elles peuvent allouer aux postulants et à apporter le cas échéant la preuve de leur impossibilité de couvrir la totalité des frais* ».

Par courrier, le Président du Conseil général notifie à chaque obligé alimentaire concerné la décision d'admission et la proposition de répartition. Il leur adresse un formulaire d'engagement à payer en les avisant que les obligés alimentaires sont tenus conjointement au remboursement de la somme non prise en charge par l'aide sociale.

En l'absence de réponse dans un délai de deux mois à compter de cette notification, les sommes normalement dues par les obligés alimentaires sont mises en recouvrement par les services du département.

Si un ou plusieurs des obligés alimentaires contestent la décision ou la répartition, le Président du Conseil général saisira alors le Juge aux Affaires Familiales en vue de la fixation des obligations alimentaires respectives et dont le montant sera versé au département.

Toutes les aides sociales aux personnes âgées dépendantes n'entraînent pas l'interpellation des personnes "débitrices d'aliments". Sauf disposition départementale contraire, les familles ne doivent participer au remboursement des frais engagés que dans les cas suivants :

- ✓ aide médicale à domicile et hospitalière (sauf forfait journalier) ;
- ✓ prise en charge des cotisations à l'assurance des personnes ;
- ✓ aide sociale en hébergement des personnes âgées ;
- ✓ allocation simple aux personnes âgées ;
- ✓ aide sociale aux repas dans les restaurants sociaux agréés ;
- ✓ placement dans un centre d'hébergement et de réinsertion sociale.

L'obligation alimentaire n'est pas due lorsqu'il s'agit de mettre en place une aide ménagère, une aide aux frais de repas ou une allocation compensatrice pour tierce personne.

Les services sociaux d'une commune ou d'un département peuvent-ils imposer aux frères et sœurs une assistance ?

Il n'existe pas d'obligation d'aliments entre frères et sœurs. Toutefois, si une personne âgée n'a pas de descendants et si donc les frères et sœurs sont les ayants droit à sa succession, il est en effet possible de les faire intervenir dans l'assistance à leur frère ou sœur.
L'objectif est alors de pouvoir mobiliser le patrimoine d'une personne âgée dépendante et contraindre les ayants droit à s'organiser pour permettre une mise sous tutelle.

C'est le cas de Mme V. âgée de 78 ans, et qui vient d'être admise à l'hôpital après un malaise. Elle ne pourra pas rentrer chez elle où elle vivait seule et devra être admise dans un EHPAD. Elle n'a pas d'enfant. Ses revenus actuels ne vont pas permettre de régler la totalité du séjour. Dans ce cas, les frères et sœurs de Mme V. vont être saisis par les services du Conseil général soit pour venir en aide à leur sœur, soit pour s'organiser et mettre en vente le logement qui était la propriété de Mme V. Dans ce cas, ils constitueront un Conseil de famille, obtiendront une décision de tutelle et avec l'accord du Juge des Tutelles mettront en vente le bien afin de subvenir aux besoins de Mme V.
Il ne s'agit donc pas d'une aide alimentaire au sens de l'article 205 du code civil mais d'une mise en demeure de mobiliser le patrimoine de la personne à assister.

Encourager les enfants et débiteurs d'aliments à conclure une convention entre eux.

Il est indispensable que les enfants s'entendent et s'organisent avant la survenance d'une situation de dépendance et de besoin. Si le patrimoine de la personne âgée le permet, et avec son consentement, il peut être possible d'opter pour le mandat de protection future ou décider de la vente d'un bien pour financer une maison de retraite.

Si le patrimoine ne le permet pas, une convention organisant le montant de la prise en charge par chacun, les modalités pratiques (par exemple, l'un des enfants accueille la personne âgée à son domicile et les autres versent une pension alimentaire), les circonstances dans lesquelles l'un d'entre eux peut suspendre sa participation, sera la meilleure façon de prévoir et s'organiser.

Bien sûr cette convention ne peut imposer des conditions exorbitantes du droit commun. Serait nulle une clause imposant :

- ✓ une prise en charge supérieure pour l'un des enfants alors que sa situation patrimoniale est identique à celle des autres ;
- ✓ l'impossibilité de suspendre sa participation ;
- ✓ l'obligation de compenser la période durant laquelle une personne n'a pu contribuer du fait d'une situation patrimoniale ;
- ✓ l'obligation faite aux petits-enfants de prendre la suite de leurs parents dans l'obligation alimentaire.

On ne saurait que trop conseiller aux enfants et obligés alimentaires de s'organiser entre eux avant même que le besoin existe, pour mettre en œuvre une mesure d'assistance. La souscription par exemple d'une assurance dépendance au profit de leur parent permettra de répartir des coûts beaucoup moins élevés et apporter un confort matériel lorsque la dépendance se produira.

L'obligation alimentaire en faveur des ascendants

1

L'obligation alimentaire
Elle est définie par le code civil (article 205 du code civil). Elle permet à une personne âgée ne pouvant subvenir seule à ses besoins sur le plan financier d'obtenir l'assistance de ses enfants.

2

Les bénéficiaires
- ✓ Parents vis-à-vis de leurs enfants, gendres ou belle-fille
- ✓ Parents biologiques vis-à-vis de leurs enfants en adoption simple – parents adoptifs vis-à-vis de leurs enfants en cas d'adoption plénière
- ✓ Conjoints entre eux – partenaires pacsés

3

Qui doit cette obligation ?
- ✓ Conjoint – partenaire Pacsé si le contrat le prévoit
- ✓ Enfants – conjoints des enfants

Ceux qui ne sont pas concernés
- ✓ Frères – sœurs – concubins entre eux
- ✓ Petits enfants – collatéraux

4

Quand et comment la demander ? Par lettre recommandée adressée aux débiteurs d'aliments en motivant cette demande et estimant le besoin dès lors que ses ressources ne permettent pas de faire face aux besoins de la vie courante ou d'un hébergement. Il est aussi possible de se faire aider par le centre social de sa commune ou saisir le Juges aux affaires familiales.

5

Peut-elle consister en des avantages en nature ? Oui ! Elle peut consister dans l'hébergement de la personne âgée, le fait de préparer et apporter quotidiennement des repas ...

6

Le régime fiscal de l'obligation alimentaire
- ✓ Le bénéficiaire doit la déclarer dans sa déclaration de revenus sauf si elle est versée directement à un établissement d'accueil
- ✓ Celui qui la verse peut la déduire de son revenu imposable qu'il s'agisse d'une somme d'argent ou d'avantages en nature

7 Le droit des grands-parents vis-à-vis de leurs petits-enfants

Peut-on obtenir un droit de visite ou d'hébergement de ses petits-enfants ?

L'article 371-4 du code civil (loi du 5 mai 2007) prévoit que les grands parents puissent entretenir des relations avec leurs petits-enfants. Ils peuvent ainsi solliciter un droit de visite ou d'hébergement.

Les grands-parents sont en droit d'obtenir :

- ✓ le droit de visite ;
- ✓ le droit d'hébergement ;
- ✓ le droit d'échanger une correspondance ;
- ✓ le droit de participer à l'éducation du moment qu'ils ne se substituent pas aux parents qui ont l'autorité parentale.

Ces droits existent quel que soit le lien qui unit les parents des enfants : mariage, Pacs, concubinage, union libre ou divorce.

Comment procéder si vous êtes en conflit avec votre fils ou votre fille ? Ayez d'abord recours à la médiation familiale. Cette procédure amiable et facultative permettra peut-être de renouer avec vos proches. Elle est organisée par un tiers qui vous recevra ensemble. Plusieurs associations peuvent vous renseigner : l'Ecole des grands-parents européens – www.egpe.org, ou encore la Fédération nationale de la médiation familiale (Fenamef) – www.fenamef.asso.fr

Si vous ne parvenez pas à un accord amiable, vous devrez saisir le Juge aux Affaires Familiales du lieu de résidence de vos petits-enfants.

Peut-on aller chercher ses petits-enfants à l'école ou encore les emmener en vacances avec soi à l'étranger ?

Oui, mais vous êtes dans la même position que tout proche parent. Vous devrez d'abord avoir été désigné par votre fils ou votre fille comme pouvant venir chercher l'enfant à l'école.

Ensuite, si vous partez ensemble en vacances à l'étranger, vous devrez avoir sa carte d'identité en cours de validité ainsi qu'une autorisation de sortie du territoire signé des parents de l'enfant.

Sachez par contre que s'il se blesse ou tombe malade, sauf cas d'urgence, vous ne pouvez pas l'emmener chez un médecin sans l'accord de ses parents. En effet, vous ne disposez ni d'un droit de garde ni de l'autorité parentale. Aussi, dans le cas d'un séjour loin des parents de l'enfant, prenez la précaution de prendre son carnet de santé et d'avoir une attestation signée des parents de l'enfant vous autorisant à consulter un médecin.

Peut-on obtenir l'autorité parentale si l'on héberge ses petits-enfants ?

L'autorité parentale est conférée aux parents. Si un de vos petits-enfants mineurs vient vivre chez vous avec l'accord de ses propres parents, vous n'obtenez pas pour autant l'autorité parentale.
Cela complique bien sûr certaines activités de la vie courante telle la consultation d'un médecin ou la scolarisation. Aussi vous pouvez, en accord avec votre fille ou votre fils, obtenir une délégation volontaire de l'autorité parentale homologuée par le Juge aux Affaires Familiales.

Si la situation perdure et si vous estimez que l'intérêt de votre petit-enfant l'exige, vous devrez d'abord prouver un délaissement puis ensuite demander à être désigné comme tuteur. Cependant la procédure est très longue et il est possible que votre petit-fils ou petite-fille soit d'abord placé en famille d'accueil avant que vous puissiez en obtenir la garde.

Je ne suis pas d'accord avec l'éducation, le style de vie imposé à mes petits-enfants

Peut-on, en qualité de grands-parents, prendre la défense de ses petits-enfants si on estime qu'ils sont en danger ?
Bien sûr un simple différend d'ordre spirituel, moral ou de style de vie ne saurait fonder une action. Les faits doivent être d'une particulière gravité et doivent pouvoir être prouvés.
Si les parents ont l'autorité parentale, il ne sera possible que de procéder à un signalement ou déposer une requête auprès du procureur de la république.

Le signalement est la situation dans laquelle une personne considère que l'enfant est en danger au plan physique, de sa santé, de son éducation et porte les faits à la connaissance du juge des enfants.
La déchéance de l'autorité parentale des parents est une mesure exceptionnelle qui s'entend dans un nombre de cas limités :

- ✓ un parent a été condamné pour un délit ou un crime commis sur la personne de l'enfant ;
- ✓ un parent a été condamné comme complice ou co-auteur d'un délit ou d'un crime commis par son enfant ;
- ✓ un parent met en danger son enfant par la consommation d'alcool, de drogue ou par de mauvais traitements.

Par contre il peut être substitué à l'autorité parentale l'une des mesures suivantes :

☞ **l'assistance éducative** (article 375-1 du code civil)

Il s'agit d'une mesure prise par le juge des enfants lorsque la santé, la sécurité ou la moralité d'un mineur non émancipé sont gravement compromis.

☞ **la délégation** (articles 377, 377-1 du code civil)

A la demande des parents où lorsqu'ils se sont désintéressés de l'enfant depuis deux ans, le juge peut prendre une mesure provisoire et déléguer tout ou partie de l'autorité parentale à une autre personne qui assurera durant un temps déterminé son éducation et sa surveillance.
La fin de la délégation peut être demandée par les parents. Le magistrat pourra alors mettre à leur charge le remboursement total ou partiel des frais d'entretien de l'enfant.

☞ **l'enfant confié à un tiers** (articles 350, 373-1 et 4, 375-3 et 7, 380 du code civil)

Dans ce cas, les parents ne perdent pas l'autorité parentale mais l'enfant est confié durant une période déterminé à un « tiers » (une famille d'accueil) qui assurera l'éducation et la surveillance.

Dans ces différents cas, les grands-parents peuvent prétendre auprès du juge des enfants exercer l'une de ces mesures.

8 Succession : les obligations des professionnels de santé

Les professionnels de santé sont-ils soumis à certaines règles lorsqu'ils accompagnent des personnes âgées et plus particulièrement lors de succession ?
Chacun a sur ce sujet une idée souvent entretenue par la lecture de romans ou des films de série B.
Pourtant en droit français, les règles sont très simples et renforcées par les différents principes énoncés dans les paragraphes précédents. Les professionnels de santé ont complété cette législation dans leurs codes de déontologie. C'est donc avec la plus grande prudence et avec de nombreuses réserves qu'un médecin, infirmier, pharmacien ... doit accepter une libéralité de la part d'un patient qu'il aurait été amené à soigner ou accompagner.
Mais il faut par contre se garder de généraliser ces règles et vouloir les appliquer à toute personne accompagnant un patient en fin de vie. Le droit civil garde comme principe fondamental la liberté de chacun de disposer de son héritage dans la limite de la quotité disponible.

L'hypothèse est donc celle où le patient souhaite exprimer sa reconnaissance à l'égard des personnes l'ayant soigné par un don de son vivant, ou par voie testamentaire. En raison des abus d'influence que pourraient commettre les soignants, surtout chez des patients présentant un état de faiblesse physique ou psychique, c'est le principe de l'interdiction qui a été retenu mais limité aux situations où la qualité de soignant pourrait être utilisée frauduleusement.

Les textes fixant l'interdiction

Le texte de référence est l'article 909 du code civil figurant dans le chapitre sur la capacité de disposer ou de recevoir par donation entre vifs ou par testament et qui prévoit :

« *Les membres des professions médicales et de la pharmacie, ainsi que les auxiliaires médicaux qui ont prodigué des soins à une personne pendant la maladie dont elle meurt ne peuvent profiter des dispositions entre vifs ou testamentaires qu'elle aurait souscrites en leur faveur pendant le cours de celle-ci.*
Les mandataires judiciaires à la protection des majeurs et les personnes morales au nom desquelles ils exercent leurs fonctions ne peuvent pareillement profiter des dispositions entre vifs ou testamentaires que les personnes dont ils assurent la protection auraient faites en leur faveur quelle que soit la date de la libéralité.

Sont exceptées :
1° Les dispositions rémunératoires faites à titre particulier, eu égard aux facultés du disposant et aux services rendus ;

2° Les dispositions universelles, dans le cas de parenté jusqu'au quatrième degré inclusivement, pourvu toutefois que le décédé n'ait pas d'héritiers en ligne directe ; à moins que celui au profit de qui la disposition a été faite ne soit lui-même du nombre de ces héritiers.
Les mêmes règles seront observées à l'égard du ministre du culte ».

Le code de déontologie médicale, dans son article 52 (art. R. 4127-52 du code de la santé publique), a repris une version simplifiée de ces dispositions : « *Le médecin qui aura traité une personne pendant la maladie dont elle est décédée ne pourra profiter des dispositions entre vifs et testamentaires faites par celle-ci en sa faveur pendant le cours de cette maladie que dans les cas prévus par la loi. Il ne doit pas davantage abuser de son influence pour obtenir un mandat ou contracter à titre onéreux dans des conditions qui lui seraient anormalement favorables* ». L'interdiction déontologique est donc plus large puisqu'elle porte également sur les mandats et les transactions à titre onéreux qui léseraient le patient ou ses ayants droit et qui constitueraient alors des donations déguisées.

La jurisprudence a par ailleurs fait usage de l'article 1975 du code civil qui prévoit que le contrat de rente viagère (appelé viager) ne produit aucun effet si la rente a été créée sur la tête d'une personne atteinte de la maladie dont elle est décédée dans les 20 jours suivant la date du contrat. Dans les décisions publiées, il apparaît que le plus important aux yeux des magistrats, est la connaissance ou non par l'acquéreur de l'imminence du décès, même si le délai de 20 jours est dépassé, même si le crédit-rentier est décédé d'une autre maladie que celle dont il était atteint le jour de la signature de l'acte. Un médecin, a fortiori le médecin traitant, dispose nécessairement de l'information supprimant pour lui l'aléa lié à l'espérance de vie du crédit-rentier et ne peut donc pas dans ces conditions envisager de conclure un contrat de rente viagère avec l'un des ses patients.

Une disposition particulière concerne les établissements d'hébergement. Il s'agit de l'article L. 331-4 du code de l'action sociale et des familles qui dispose que « *les personnes physiques propriétaires, administrateurs ou employés des établissements [établissements hébergeant, à titre gratuit ou onéreux, des mineurs, des personnes âgées, des personnes handicapées ou inadaptées ou en détresse] ne peuvent profiter des dispositions entre vifs ou testamentaires faites en leur faveur par des personnes hébergées dans le ou les établissements qu'elles exploitent ou dans lesquels elles sont employées que dans les conditions fixées à l'article 909 du code civil* ». Ici, il n'y a pas de condition de délai entre le décès et la donation ni d'exigence que la personne soit décédée de la maladie ayant provoqué son hébergement.

Le code pénal, rappelons-le, renforce cette interdiction par l'application de l'article 223-15-2 du code pénal qui réprime l'abus frauduleux de l'état d'ignorance ou de faiblesse. Il dispose : « *Est puni de 3 ans d'emprisonnement et de 375 000 € d'amende l'abus frauduleux de l'état d'ignorance ou de la situation de faiblesse soit d'un mineur, soit d'une personne dont la particulière vulnérabilité, due à son âge, à une maladie, à une infirmité, à une déficience physique ou psychique ou à un état de grossesse, est apparente et connue de son auteur, soit d'une personne en état de sujétion psychologique ou physique résultant de l'exercice de pressions graves ou réitérées ou de techniques propres à altérer son jugement, pour conduire ce mineur ou cette personne à un acte ou à une abstention qui lui sont gravement préjudiciables* ».

Le caractère très général de la rédaction du texte de cette infraction rend tout à fait possible la mise en cause d'un soignant ayant fait usage de l'influence dont il disposait sur un malade pour bénéficier d'un don.

Les principes à retenir

La présomption de suggestion et de captation est irréfragable, ce qui signifie qu'il n'est pas possible d'apporter la preuve de l'absence d'influence sur la décision du donateur. Tous les soignants sont concernés par cette interdiction ainsi que les gérants et salariés des établissements d'hébergement, notamment des EHPAD. Quand plusieurs professionnels sont intervenus pendant la maladie, les magistrats apprécient selon le rôle de chacun. Ils doivent également exercer leur pouvoir d'appréciation à propos de la qualification des soins et de l'aide apportés à une personne malade, notamment en raison des liens d'affection existant entre elle et le bénéficiaire du don.

L'interdiction ne porte qu'à l'encontre des personnes intervenues pendant la dernière maladie. Mais elle est générale pour les dirigeants et salariés des établissements, même si, par exemple, la personne a été transférée et est décédée d'une pathologie dont elle n'était pas atteinte dans le premier établissement. Mais il ne s'agit que des établissements désignés dans l'article L. 331-4 du code de l'action sociale et des familles. **Les établissements hospitaliers ne sont pas concernés**. Ainsi la Cour de Cassation a pu considérer que l'interdiction ne s'appliquait pas à une aide-soignante employée par un hôpital général.
Les exceptions doivent être appréciées de manière restrictive. Les dispositions à titre particulier correspondant à la rémunération des services rendus doivent être strictement proportionnées à ce service et ne pas constituer une donation déguisée. Elles ne peuvent être faites que par des personnes disposant de toutes leurs capacités. Afin de ne pas entraver la liberté testamentaire, les dons à un parent soignant jusqu'au 4e degré inclus sont possibles, sauf si le défunt avait un héritier en ligne directe à moins que le soignant ne soit lui-même héritier en ligne directe.
Retenons que l'interdiction de l'article 909 porte également sur les contrats d'assurance sur la vie.

Voici quelques cas issus de la jurisprudence

Un patient de 91 ans est décédé en 1995 d'une hémorragie digestive. Son fils découvre qu'il avait souscrit entre 1989 et 1990 plusieurs contrats d'assurance sur la vie, dont un au profit de son médecin généraliste qui l'a suivi pendant les quatre dernières années de sa vie. Ce praticien prétendait qu'il ne l'avait pris en charge qu'en qualité de généraliste, qu'il orientait son client vers des spécialistes et que ce n'était pas lui mais un confrère qui a décidé de l'hospitalisation la veille du décès. Ceci n'a pas empêché la cour d'appel de considérer que soigner une personne pendant les dernières années de sa vie impliquait nécessairement la connaissance de la maladie à l'origine du décès. L'arrêt fut cassé par la Cour de Cassation mais pour des points de droit, non sur le fond.

Un patient qui n'avait pas d'héritier réservataire rédige en 1991 un premier testament désignant quatre légataires universels. En 1994, il signe un contrat de services avec une association d'aide aux personnes âgées qui lui fournit pour son domicile une employée de maison dont il va devenir l'employeur. En septembre 1996, il révoque son premier testament et en rédige un nouveau ajoutant son employée de maison comme cinquième légataire universel et lui léguant en plus un bien immobilier. Il décède en mars 1997. Les quatre premiers héritiers ont assigné l'employée de maison afin d'obtenir l'indemnisation de leur préjudice en invoquant son impossibilité à bénéficier de ces dispositions testamentaires sur la base de l'article 909 et en rappelant d'autre part que le règlement intérieur de l'association prévoyait que « pendant et après son travail, le personnel ne doit solliciter ni cadeau, ni gratification d'aucune sorte, ni contracter d'emprunt, ni accepter de donation, legs... ». Les demandeurs ont également assigné l'association. Mais le deuxième testament avait été fait à l'insu de cette employée. Dans son arrêt du 8 janvier 2004, la cour d'appel de Lyon a confirmé le jugement de première instance retenant que l'article 909 n'était pas applicable à cette employée de maison qui n'avait aucune qualification médicale et que l'association avait rempli son obligation en fournissant du personnel qui a donné toute satisfaction, sans qu'elle ait à garantir le désintéressement total de ce personnel. Si ce patient avait été en EHPAD et si cette employée avait été salariée de l'établissement, la solution aurait été toute autre, l'article L.331-4 du code de l'action sociale et des familles l'empêchant de recevoir ce legs.

Dans une décision du 28 avril 2004, le conseil régional de l'Ordre des médecins d'Aquitaine a eu à se prononcer sur une plainte basée sur la violation de l'article 52 du code de déontologie suite à un testament notarié fait par un patient au profit de son ancien médecin traitant, l'instituant légataire universel. Le conseil a considéré que cet article n'avait pas à s'appliquer à ce praticien car, au moment où le testament avait été rédigé, il n'était déjà plus le médecin traitant de ce patient, qui était par ailleurs en pleine possession des ses moyens. Le conseil remarque en outre que le médecin bénéficiaire du testament n'avait pas soigné ce patient pour la maladie dont il est décédé, si bien que l'interdiction n'avait pas à s'appliquer. La plainte a donc été rejetée dans cette situation où il n'y avait manifestement pas eu captation d'héritage contrairement à ce que prétendaient les plaignants.

Les donations faites à un soignant par un patient restent néanmoins toujours sujettes à discussion et le Conseil national de l'Ordre des médecins préconise à juste titre une grande prudence. Ainsi, dans ses commentaires sous l'article 52 du code de déontologie, il indique : « *Au-delà du cas d'espèce de la dernière maladie, c'est une attitude générale de prudence qui s'impose au médecin en la matière. Il ne doit en aucune circonstance pouvoir être suspecté d'avoir profité de son statut professionnel et de l'influence qui en découle pour tirer un avantage matériel quelconque de la part de son malade*». Il s'agit d'une question d'honneur des soignants.

9 L'accès au dossier médical

Un patient peut avoir connaissance de son dossier médical soit par l'intermédiaire de son médecin, soit en le consultant directement.
Cette disposition concerne toute personne ayant été hospitalisée.

Que doit contenir le dossier médical ?

Les documents établis au moment de l'admission et durant le séjour, à savoir :

- ✓ la fiche d'identification du malade ;
- ✓ le document médical indiquant le ou les motifs de l'hospitalisation ;
- ✓ les conclusions de l'examen clinique initial et des examens cliniques successifs pratiqués par tout médecin appelé au chevet du patient ;
- ✓ les comptes rendus des explorations para-cliniques et des examens complémentaires significatifs, notamment le résultat des examens d'anatomie et de cytologie pathologiques ;
- ✓ la fiche de consultation pré-anesthésique, avec ses conclusions et les résultats des examens demandés, et la feuille de surveillance anesthésique ;
- ✓ le ou les comptes rendus opératoires ou d'accouchement;
- ✓ les prescriptions d'ordre thérapeutique ;
- ✓ lorsqu'il existe, le dossier de soins infirmiers ;
- ✓ les documents établis à la fin de chaque séjour hospitalier, à savoir le compte rendu d'hospitalisation, avec notamment le diagnostic de sortie, les prescriptions établies à la sortie du patient, le cas échéant, la fiche de synthèse contenue dans le dossier de soins infirmiers.

Que faut-il faire ?

La communication du dossier peut avoir lieu pendant ou après l'hospitalisation, à la demande :

- ✓ du malade lui-même ;
- ✓ de son représentant légal, s'il est mineur ou incapable ;
- ✓ de ses ayants droit en cas de décès.

La demande doit être adressée par le patient au directeur de l'hôpital (ou au médecin qui a établi le dossier si l'hospitalisation a eu lieu dans un établissement privé) qui dispose d'un délai d'un mois pour donner sa

réponse. La lettre doit contenir les coordonnées du médecin de son choix si c'est la solution retenue par le patient pour consulter le dossier.
En cas de refus de communication, ou en l'absence de réponse, la Commission d'accès aux documents administratifs (CADA, 31, rue de Constantine, 75007 Paris, Tél. : (1) 47.05.99.51) peut être saisie dans un délai de un mois en cas de refus ou de 2 mois après la transmission de la demande, en cas de non-réponse.

☞ Que se passe-t-il ensuite ?

Une fois que la demande est acceptée, la personne qui a été hospitalisée peut consulter le dossier directement, demander à un médecin de l'assister ou le faire consulter par le médecin de son choix. Le dossier peut être étudié sur place, mais il est également possible de demander à l'établissement de soins de faire parvenir une copie des documents, aux frais du malade ou des ayants droit.
Si l'on a recourt à un médecin, celui-ci doit ensuite informer la personne intéressée du contenu de son dossier sans que pèse le secret médical. Le code de déontologie médicale lui permet cependant de s'abstenir de révélations qui pourraient être néfastes pour le patient tel qu'un diagnostic grave.
À noter : en cas de décès du patient, le médecin ne doit révéler aux ayants droit que les informations permettant de faire valoir les droits du défunt.

Principe du droit d'accès au dossier médical : dispositions légales

Le dossier médical n'appartient pas au malade mais à l'établissement de santé qui l'a constitué. *C. santé pub. : Art. L. 710-1 s. et R. 710-2-1 à R. 710-2-10.*
Toute personne a le droit d'accéder à l'ensemble des informations concernant sa santé détenues, à quelque titre que ce soit, par des professionnels et des établissements de santé, qui sont formalisées ou ont fait l'objet d'échanges écrits entre professionnels de santé.

> Le "dossier médical" est l'expression utilisée par convention pour faciliter la compréhension des dispositions légales et réglementaires. La loi garantit un accès aux informations formalisées. Il s'agit des informations auxquelles est donné un support tel qu'un écrit, une photographie, un enregistrement... avec l'intention de les conserver.
> En principe, ces informations sont destinées à être réunies dans un dossier unique relatif à un même patient. Dans la pratique, le dossier ne les contient pas toujours toutes.

Le dossier médical personnel - DMP

Le DMP ou dossier médical personnel est un nouveau dispositif en cours d'expérimentation et doit être généralisé. Il devait l'être au cours de l'année 2008, après la publication des derniers textes d'application et la stabilisation des normes imposables aux hébergeurs de données, mais sa généralisation a pris beaucoup de retard.
La mise en place du DMP a été instituée par la loi du 13 août 2004, avec pour logique de faciliter l'accès du patient aux informations qui le concernent. A cette fin, il était prévu que les données étaient « créées et conservées par un tiers de confiance, désigné par l'expression "hébergeur de données de santé à caractère personnel" et agréé à cet effet par les pouvoirs publics. Il ne doit donc pas être confondu avec le dossier médical.

L'accès au dossier médical par des parents ou ayants droit

Il n'est pas possible pour un tiers d'accéder au dossier médical d'une personne de son vivant sauf si la personne est mineure ou placée sous un régime de tutelle. Bien sûr, seul le médecin aura communication du dossier et transmettra les informations qu'il jugera utile.

Mais que se passe-t-il en cas de décès ? Les parents ou les ayants droit peuvent demander d'accéder à ce dossier. Cependant :

- La personne décédée ne doit pas s'y être opposée de son vivant.
- Les parents ou ayants droit peuvent accéder aux seules informations leur permettant de satisfaire à trois objectifs : connaître les causes du décès de leur proche, faire valoir des droits ou encore, défendre la mémoire du défunt

Il appartient au médecin en charge de la communication du dossier de décider des données susceptibles d'assurer l'information des proches tout en respectant ce principe.

Attention ! Il vous sera demandé de justifier de votre qualité de parent ou d'ayant droit par un certificat d'hérédité ou votre livret de famille.
Chaque CHU a installé un service dont les références sont accessibles sur leur site internet – le délai est en principe de 8 jours.
En cas de différend, vous pouvez saisir les services du Médiateur de la République. Il existe un délégué du médiateur dans chaque département.

Le cas particulier des Maisons de retraite

Il convient d'abord de rappeler la nature juridique de la maison de retraite.

L'article L 312-1 6ᵉ du code de l'action sociale et des familles qualifie notamment de structure sociale ou médico-sociale *« les établissements et les services qui accueillent des personnes âgées ou qui leur apportent à domicile une assistance dans les actes quotidiens de la vie, des prestations de soins ou une aide à l'insertion sociale. »*

En l'espèce, la maison de retraite dont il est question est un établissement public assurant, de manière autonome, l'hébergement de personnes âgées dépendantes. Elle est rattachée au statut des établissements sociaux et médico-sociaux. Des résidences qui accueillent des personnes âgées qui ne sont pas dépendantes n'entrent pas dans cette catégorie.

La loi du 30 juin 1975 modifiée par la loi n° 2002-2 du 2 janvier 2002 rénovant l'action sociale et médico-sociale a posé le principe d'une séparation très nette entre le secteur social et le secteur sanitaire.

Ainsi, les dispositions du code de la santé publique ne sont pas applicables aux établissements publics sociaux et médico-sociaux, à moins qu'un article en dispose autrement et désigne expressément les établissements sociaux et médico-sociaux. De même, toute disposition ne visant que les établissements de santé ne peut, par principe, aucunement s'appliquer aux établissements médico-sociaux[11].

En conséquence, seules les dispositions du code de l'action sociale et des familles ont en principe vocation à s'appliquer à la gestion des établissements sociaux et médico-sociaux. Il en est ainsi des articles consacrés aux conditions de prise en charge, et en particulier, de ceux relatifs aux droits des usagers du secteur social et médico-social (droit à la dignité, droit à la confidentialité des informations, droit à l'accès aux informations ...).

Mais qu'en est-il des données médicales possédées par la maison de retraite et portant sur ses résidents ?

En vertu des dispositions de l'article L 311-3 du code de l'action sociale et des familles, les personnes prises en charge dans les établissements et services sociaux et médico-sociaux bénéficient de droits fondamentaux, dont *« l'accès à toute information ou document relatif à sa prise en charge, sauf dispositions législatives contraires ».*

---

[11] A l'occasion de l'avis du 27 février 1996 relatif au financement des institutions sociales et médico-sociales, le Conseil d'Etat a affirmé que les établissements médico-sociaux constituaient une catégorie particulière, distincte de celle des établissements de santé.

Les modalités de mise en œuvre du droit à communication des documents doivent être fixées par voie réglementaire. La circulaire DGAS n° 2002-19 du 10 janvier 2002 relative aux dates et aux modalités d'application de la loi n° 2002-2 du 2 janvier 2002 rénovant l'action sociale et médico-sociale rappelle la subordination du droit d'accès aux informations à la parution d'un décret. Or, à ce jour, aucun texte d'application particulier n'est intervenu en la matière.

L'article 79 de la loi précitée du 2 janvier 2002 avait fixé un délai de six mois à compter de la date de publication des décrets et au plus tard le premier jour du sixième mois suivant la publication de la loi pour mettre en œuvre les dispositions relatives aux droits des usagers des établissements et services sociaux et médico-sociaux[12]. Ainsi, à ce jour, il incombe aux établissements et services médico-sociaux, et cela en l'absence de dispositions réglementaires spécifiques, d'assurer la transmission des informations relatives à cette prise en charge.

Des éclaircissements ont récemment été apportés par un texte général sur les droits des usagers des établissements et services sociaux et médico-sociaux.

Ce droit à la transmission d'informations permettant la prise en charge sociale ou médico-sociale a été récemment réaffirmé par l'arrêté du 8 septembre 2003 relatif à la charte des droits et libertés de la personne accueillie dans un établissement ou service social ou médico-social. Cet arrêté présente un double intérêt :

- d'une part, son article 3 renvoie expressément en matière de droit des patients et, plus précisément en matière d'accès au dossier médical, aux dispositions du code de la santé publique, dès lors que les personnes accueillies dans les structures sociales ou médico-sociales y ont reçu des soins : *« Lorsque la catégorie de prise en charge, d'accompagnement ou lorsque la situation de la personne le justifie, sont annexées les dispositions des articles L 1110-1 à L 1110-5 et L 1111-2 à L 1111-7 du code de la santé publique en tant qu'elles concernent les droits des personnes bénéficiaires des soins. »*
- d'autre part, l'article 3 de la charte, qui figure en annexe de l'arrêté, renvoie aux dispositions législatives et réglementaires existantes c'est-à-dire ici aux dispositions du code de la santé publique (le code de la santé publique est applicable dès que l'usager du service ou de l'établissement social ou médico-social a bénéficié d'une prise en charge médicale et soignante) : *« La personne a accès aux informations la concernant dans les conditions prévues par la loi ou la réglementation. La communication de ces informations ou documents*

[12] L'article 79 de la loi n° 2002-2 relative à la modernisation sociale dispose : *« A compter de la publication des décrets pour l'application des articles 8, 10 et 11 de la présente loi, et au plus tard le premier jour du sixième mois suivant la publication de celle-ci, les établissements et services sociaux et médico-sociaux et les lieux de vie disposent d'un délai de six mois pour mettre en œuvre les dispositions de ces articles. »*

par les personnes habilitées à les communiquer en vertu de la loi s'effectue avec un accompagnement adapté de nature psychologique, médicale, thérapeutique ou socio-éducative. »

En l'absence de réglementation d'ensemble particulière relative aux modalités de mise en œuvre du droit d'accès aux informations concernant les usagers des services et établissements sociaux et médico-sociaux, il conseille d'appliquer les dispositions de la loi n° 2002-303 du 4 mars 2002 relative aux droits des malades et à la qualité du système de santé et de son décret d'application n° 2002-637 du 29 avril 2002, intégrées dans le code de la santé publique.

Quelles sont les conditions requises pour accéder au dossier médical d'une personne décédée ?

Du vivant de la personne, sauf situation de tutelle et motif légitime, il n'est pas possible pour un ayant droit d'accéder à ce dossier médical sauf bien sûr si la demande émane du corps médical.

Dans le cas du décès d'un résident, l'une des conditions fondamentales autorisant l'accès d'un membre de la famille au dossier médical d'un proche est sa qualité d'ayant droit. La transmission du dossier médical aux ayants droit appelle la plus grande prudence. Elle met à la charge de l'établissement l'obligation de vérifier d'une part l'identité de la personne, d'autre part sa qualité d'ayant droit. Ce dernier contrôle pose davantage de difficultés. Si la demande émane d'une personne autre que le conjoint survivant, les enfants et en leur absence les ascendants, la preuve par excellence de la qualité d'ayant droit est l'acte de notoriété. La preuve reste également possible par la production d'un certificat d'hérédité délivré par le maire.

Les informations à communiquer sont celles de nature à favoriser la connaissance des causes de la mort, la défense de la mémoire du défunt ou encore la revendication d'un droit. Ce n'est donc pas l'intégralité du dossier en possession de l'établissement qui sera communiqué.
Par ailleurs, l'établissement peut ne pas disposer de l'ensemble du dossier médical. Rappelons que derrière ce terme, il n'y a pas un dossier formalisé avec un contenu précis, mais un ensemble d'informations.
La prudence sera toujours opposée aux ayants droit. Soit par crainte d'être mis en cause, par respect du secret médical, ou par méconnaissance des règles juridiques applicables. Dès lors, le conseil donné aux établissements est de codifier clairement les règles d'accès à ce dossier médical et de l'annexer à l'ensemble des documents remis au résident et à sa famille.
Si vous êtes un ayant-droit et souhaitez accéder à ce dossier, acceptez cette prudence et réunissez l'ensemble des éléments qui prouve votre qualité, puis motivez clairement votre demande.

En pratique :

1

Tout patient ayant été hospitalisé peut avoir connaissance de son dossier médical par l'intermédiaire de son médecin ou directement.
Il est conseillé de se faire assister par un médecin dans la mesure où les données contenues sont souvent rédigées dans un jargon professionnel.

2

Chaque établissement hospitalier a installé un service spécialisé chargé de traiter ces demandes et adresser les éléments (ou les mettre à disposition) au médecin qui a été désigné ou au patient.

3

Le dossier médical appartient à l'établissement de santé qui l'a constitué. Il ne saurait être mis à disposition de tiers. Par ailleurs, certains documents (notes personnelles du médecin, fiches d'observations ...) peuvent ne pas être transmis. Il ne faut pas confondre le dossier médical et sa réglementation avec un dispositif en cours d'expérimentation : le DMP ou dossier médical personnel.

4

La constitution du dossier médical est obligatoire à l'hôpital depuis la loi portant réforme hospitalière de 1970, et en médecine de ville : depuis 1995, avec les dispositions du code de déontologie médical (article 45, repris dans le code de santé publique) qui s'impose à tout médecin.

5

En cas de refus de communication, ou en l'absence de réponse, la Commission d'accès aux documents administratifs (CADA) ou au pôle santé sécurité soins du médiateur peuvent être saisis.

6

Les ayants droit d'une personne décédée à l'hôpital peuvent demander l'accès à ce dossier selon les règles rappelées ci-dessus (par l'intermédiaire d'un médecin). Cependant, les informations qu'ils obtiendront sont limitées et le médecin reste dans l'obligation de respecter le secret médical.

7

Si vous estimez avoir été victime d'une erreur médicale engendrant un préjudice (en pratique une IPP ou incapacité permanente partielle supérieure à 24 %, une incapacité de travail supérieure à 6 mois, une inaptitude faisant perdre un travail ...), vous pouvez vous adresser à la CRCI (commission régionale de conciliation et d'indemnisation des accidents médicaux). Formulaire Cerfa 12245*02
Les données sont conservées durant 20 ans (10 ans en cas de décès).

Articles de référence

- article L 1110-4 du code de la santé publique :

« Le secret médical ne fait pas obstacle à ce que les informations concernant une personne décédée soient délivrées à ses ayants droit, dans la mesure où elles leur sont nécessaires pour leur permettre de connaître les causes de la mort, de défendre la mémoire du défunt ou de faire valoir leurs droits, sauf volonté contraire exprimée par la personne avant son décès ».

- article L 1111-7 du code de la santé publique :

« (...) En cas de décès du malade, l'accès des ayants droit à son dossier médical s'effectue dans les conditions prévues par le dernier alinéa de l'article L 1110-4 (...) »

- article 7 du décret n° 2002-637 du 29 avril 2002 :

« L'ayant droit d'une personne décédée qui souhaite accéder aux informations médicales concernant cette personne (...) doit préciser, lors de sa demande, le motif pour lequel elle a besoin d'avoir connaissance de ces informations. Le refus d'une demande opposé à cet ayant droit est motivé.
Ce refus ne fait pas obstacle, le cas échéant, à la délivrance d'un certificat médical, dès lors que ce certificat ne comporte pas d'informations couvertes par le secret médical ».

10 Qui a l'obligation d'assister une personne âgée ?

Avant même d'envisager une mesure de protection de la personne ou une prise en charge par les services sociaux, il est indispensable de s'interroger sur la place et le rôle effectif de certaines personnes dans l'assistance matérielle et affective d'une personne âgée.
Dans certains cas, la présence d'un parent proche rend inutile une mesure de protection. Le mariage, le PACS portent ainsi en eux ces obligations.
Mais il en est de même de l'obligation alimentaire pesant sur les enfants, gendres et belles-filles. Elle s'impose préalablement à toute demande d'assistance sociale.

Le tableau suivant présente en classant par niveaux, les personnes susceptibles d'être appelées pour venir assister sur le plan matériel ou affectif une personne.

Niveau	Qui est concerné ?	A quel titre ?
1er niveau	Conjoint	Des obligations issues du mariage
2e niveau	Partenaire Pacsé	De la convention (appelée « pacte »)
3e niveau	Enfants	Obligation alimentaire Devoir d'assistance Ayant-droit
4e niveau	Gendre – belle sœur	Obligation alimentaire
5e niveau	Petits-enfants – frères/ sœurs	Ayant-droit
6e niveau	Le tuteur	Droits délégués par le juge des tutelles
7e niveau	Mandataire de protection future	Le mandat de protection future
8e niveau	Curateur – sauvegarde de justice	Droits délégués par le juge des tutelles
9e niveau	Ami(e) entretenant des relations stables et suivies – concubin (union libre)	Capacité à saisir le juge des tutelles
10e niveau	Préfet - Maire	Décision d'hospitalisation d'office
11e niveau	Personne ayant reçu une procuration	Dans la limite de la procuration
12e niveau	Personne de confiance	Mandat désignant la personne de confiance

Toutes ces personnes n'ont pas les mêmes droits, devoirs et obligations. Cependant, avant de décider d'une mesure de protection ou de rechercher des aides sociales, il convient de savoir si chacun a été mobilisé dans l'exercice de ses droits et obligations.

Les droits et obligations nés du mariage

☞ Les époux se doivent mutuellement respect, fidélité, secours et assistance (article 212 du code civil).

- ✓ Chacun doit aider l'autre s'il est dans le besoin.
- ✓ Cette obligation s'entend d'une assistance financière, affective, matérielle.
- ✓ Mais également d'un soutien et d'une assistance en cas de maladie.

☞ Les époux sont égaux en droit dans le mariage (articles 225, 221 du code civil).

- ✓ Chacun conserve sa liberté de pensée, de religion, de correspondance, d'exercer une activité professionnelle.
- ✓ Chacun conserve la possibilité de percevoir un salaire ou les revenus d'une activité professionnelle sous réserve qu'il se soit acquitté des charges du ménage.
- ✓ Chacun garde la libre administration et gestion de ses biens personnels.

☞ Les époux assurent ensemble la direction morale et matérielle de la famille et pourvoient à l'éducation des enfants (article 213 du code civil)

- ✓ Cette mission est commune aux époux. Ils exercent en commun l'autorité parentale.
- ✓ Cet engagement est juridique mais également financier, moral, matériel.

☞ Les époux contribuent aux charges du mariage à proportion de leurs capacités respectives.

- ✓ Pour ce faire, chaque époux doit affecter une part de ses revenus ou de ses biens propres aux charges du mariage (loyer, remboursement d'emprunt, dépenses de la vie courante, frais de scolarité ...).
- ✓ Toutefois un aménagement peut être prévu dans le contrat de mariage.
- ✓ Chacun des époux peut passer seul des contrats qui ont pour objet l'entretien du ménage ou l'éducation des enfants.

- ✓ Les dettes contractées, sauf si elles sont manifestement excessives au regard du train de vie du ménage, à l'utilité ou l'inutilité de l'opération, à la bonne ou mauvaise foi du cocontractant, engagent les deux époux.
- ✓ Les emprunts ou achats à crédit conclus par un seul des époux sont exclus de cette solidarité financière entre les époux.

☞ Les époux sont tenus à une communauté de vie.

☞ Les époux sont personnellement imposables pour les revenus dont ils ont disposés pendant l'année de leur mariage. A compter du mariage, ils sont soumis à une imposition commune pour les revenus perçus par chacun d'eux.

Les droits et obligations nés du PACS

Les signataires du PACS sont tenus à un devoir d'assistance réciproque ainsi qu'à une aide matérielle mutuelle proportionnelle à leurs moyens sauf convention contraire.

Comme pour les couples mariés, les signataires sont solidairement responsables des dettes contractées pour l'entretien du ménage, l'éducation des enfants, l'entretien du logement.

Les partenaires sont soumis au régime de la séparation de biens sauf décision contraire mentionnée dans la convention.

Les droits et obligations pesant sur les enfants

Ces droits et obligations sont de plusieurs ordres.

Tout d'abord, ils doivent une assistance matérielle et affective à leur parent. Cette disposition est liée aux règles du droit pénal qui sanctionne l'abandon de famille et le délaissement.

Ils sont ensuite des obligés alimentaires.

Enfin, ils disposent de différents droits dont celui de consulter le dossier médical, de demander une mesure de protection des majeurs, l'hébergement à la demande de tiers.
Lorsqu'ils constituent un conseil de famille, ils sont consultés par le juge des tutelles sur certaines mesures. Ils peuvent introduire une action en justice et ont capacité à agir.

Les droits et obligations pesant sur les gendres, belles-filles, frères, sœurs ...

Ces obligations sont essentiellement matérielles. Il s'agit d'un devoir de secours financier au titre de l'obligation alimentaire et de règles spécifiques à un département.
Les gendres et belles-filles n'ont pas l'autorité pour saisir le juge des tutelles et ils ne pourront évoquer une demande de protection qu'en procédant à la saisine du procureur de la république.
Par contre, les frères et les sœurs ont capacité juridique à demander une mesure de protection en l'absence de descendants.

2 Accompagner une personne âgée dépendante

1 Peut-on placer une personne âgée dans un établissement d'accueil sans son consentement ?

Un principe fondamental du droit : nul ne peut être placé dans un établissement de retraite quel que soit son statut : établissement public, établissement privé, sans son consentement.
Il n'est pas possible d'héberger un résident fut-ce de façon temporaire sans son consentement.
Mais qu'en est-il des situations les plus graves : l'urgence médicale, la nécessité de procurer des soins bien que la personne ne soit pas en risque vital, la démence, l'alcoolisme conduisant à des atteintes aux biens et aux personnes ? Il existe alors un arsenal juridique dont la mesure extrême est l'hospitalisation d'office, une mesure que l'on appelait dans la première moitié du XXe siècle l'internement.

Un principe intangible : nul ne peut être placé dans un établissement sans son consentement

Cette règle n'appelle aucune exception et par exemple, l'incapacité pour la famille ou l'un de ses membres de s'occuper d'une personne âgée ne saurait justifier le placement sans le consentement de l'intéressé.
La loi du 2 janvier 2002 complétant le code de l'action sociale et de la famille rappelle ainsi que l'exercice des droits et libertés individuels est garanti à toute personne prise en charge par des établissements et services sociaux et médico-sociaux.
Ces règles s'appliquent par extension à tout établissement qu'il entre ou non dans le champ de cette loi. Sont ainsi visées les familles d'accueil, les résidences de retraite, les foyers logement ...

S'il s'agit d'un établissement privé, l'accord de la personne reste nécessaire. Nous sommes dans le domaine contractuel civil et une personne ne peut être placée dans un lieu et y être maintenu sans son accord express. Aucun motif tiré de « l'intérêt de la personne » ne saurait justifier un placement d'office sans son consentement.

Une personne exerçant un mandat (le tuteur par exemple, mais aussi le mandataire dans le cadre d'un mandat de protection future) ne peut décider d'elle-même de ce placement.
La charte prévue par la loi de janvier 2002 pose désormais clairement le principe de l'accord express de la personne âgée.

La charte des personnes âgées

La chartre a pour objectif de reconnaître la dignité de la personne âgée devenue dépendante et de préserver ses droits. Elle a été établie par la commission "Droits et Libertés" de la Fondation Nationale de Gérontologie en 1986.

La vieillesse est une étape de l'existence pendant laquelle chacun doit pouvoir poursuivre son épanouissement. La plupart des personnes âgées resteront autonomes et lucides jusqu'au dernier moment de leur vie. L'apparition de la dépendance, quand elle survient, se fait à un âge de plus en plus tardif.

Cette dépendance peut être due à l'altération de fonctions physiques et/ou à l'altération de fonctions mentales. Même dépendantes, les personnes âgées doivent continuer à exercer leurs droits, leurs devoirs et leurs libertés de citoyens. Elles doivent aussi garder leur place dans la vie sociale, au contact des autres générations dans le respect de leurs différences.

C'est pour cela qu'a été créée la chartre des droits et des libertés des personnes âgées.

• **Article I** - Choix de vie Toute personne âgée dépendante garde la liberté de choisir son mode de vie.

Mais qu'en est-il si l'intérêt de la personne requiert un placement dans un établissement ?

Il faut en effet distinguer le placement imposé sans motif légitime et celui rendu indispensable par l'état de la personne âgée. Par exemple, que faire en présence d'une personne atteinte de la maladie d'Alzheimer, handicapée par une maladie ou un accident, désorientée ?

Plusieurs situations peuvent se présenter :

☞ L'urgence médicale nécessitant soit des soins soit une hospitalisation.

☞ L'accueil et hébergement dans un établissement permettant le suivi de personnes atteintes de la maladie d'Alzheimer ou devenues dépendantes.

Dans ce cas spécifique, nous savons que la demande de mise sous tutelle sera une étape préalable nécessaire. Cette demande devra préciser l'une des décisions attendues : le placement dans un établissement d'accueil afin que le magistrat puisse dans sa décision autoriser cette mesure exceptionnelle.

☞ L'hospitalisation à la demande d'un tiers.

☞ L'hospitalisation d'office.

2 Le placement d'une personne sans son consentement

Le cas de l'urgence médicale

Cette situation concerne l'urgence médicale. Il convient de distinguer deux cas :

- l'urgence à la suite d'un accident ou d'un malaise ;
- la nécessité de dispenser des soins sans qu'il existe un risque vital pour la personne.

Le premier cas est évident. L'appel et l'intervention des services de secours feront que la personne sera prise en charge. Elle pourra être emmenée aux urgences ou rester à domicile avec une assistance médicale. Toutefois, elle n'a pas vocation à rester aux urgences et devra regagner son domicile. Dans de rares cas, un placement en EHPAD sera évoqué mais dans cette situation les services sociaux seront en charge d'organiser cette nouvelle prise en charge. Ils le feront avec l'accord de la personne.

Mais que se passe-t-il si son consentement ne peut être obtenu du fait d'une incapacité physique ou mentale et qu'il n'y a pas d'urgence vitale ?

Si la personne ne peut plus manifester sa volonté ou semble être en situation de démence, il conviendra d'obtenir un certificat médical circonstancié établi par 2 médecins, attestant que l'état de la personne nécessite des soins continus en milieu hospitalier. Il conviendra ensuite de saisir le Juge des tutelles qui prendra la décision soit de réunir le conseil de famille, soit devant l'urgence de faire placer à titre temporaire la personne dans un établissement et réunir le conseil de famille.

La mise sous tutelle ne saurait permettre d'imposer ces soins et autoriser une hospitalisation. Seule la mesure dite « hospitalisation à la demande d'un tiers » reste ouverte.

Cependant il s'agit d'une mesure lourde prise dans des situations particulièrement grave.

Que faire si la personne refuse les soins ?

Cette situation suppose l'état de conscience de la personne.

Si le refus de traitement ne provoque pas un risque vital pour la personne, aucun acte médical ne saurait être imposé.

Il appartient simplement au médecin d'informer le patient des conséquences possibles de son refus.

Seule une injonction thérapeutique décidée par un juge pourrait contraindre la personne. Mais cette mesure n'est envisageable que dans des cas extrêmes (alcoolisme, toxicomanie, risque pour la santé ...)

Dans le cas où le refus du patient met sa vie en danger, le médecin doit tout mettre en œuvre pour le convaincre d'accepter les soins (article L 1111-1 du code de la santé publique). Si le malade refuse, le médecin ne peut outrepasser la volonté de ce dernier. Dans ce cas, il fera signer au patient une attestation établissant qu'il a eu connaissance des risques que son refus présente pour lui (article 42 - décret n°74-24 du 14 janvier 1974). Ce document doit toujours mentionner le nom du médecin qui a donné l'information. Si le malade refuse de signer, il conviendra d'établir un procès verbal signé par deux soignants.
La cour de cassation écarte dans ce cas l'incrimination de non assistance à personne en danger.

Quelle position doit adopter le tuteur si l'opposition ne vient pas de la personne âgée mais d'un proche ?

Le tuteur ne peut pas prendre seul la décision de placement. En effet le mandat de tutelle reste limité dans les droits conférés au tuteur notamment lorsque la décision porte sur la situation personnelle et un droit fondamental.

Il conviendra d'une part de réunir le conseil de famille, d'autre part d'obtenir les certificats médicaux évoqués ci-dessus, puis saisir le Juge des Tutelles.

L'accord de tous les membres du conseil de famille sera recherché. Si l'un d'eux s'oppose et que les certificats médicaux obtenus évoquent une prise en charge par un établissement spécialisé, on se retrouve dans une situation souvent bloquée. Le tuteur aura alors intérêt à démissionner de son mandat afin que celui-ci soit confié à un professionnel, évitant ainsi que des conflits familiaux prennent le dessus sur l'intérêt de la personne.

Si le nouveau tuteur est à nouveau confronté au choix de placement de la personne âgée dans un établissement spécialisé, le Juge des tutelles prendra sa décision en se basant sur les demandes réitérées des tuteurs successifs.

Monsieur M. 84 ans, a été admis dans un établissement accueillant des personnes âgées dépendantes. Ce placement a été le fait d'un des enfants en accord de Monsieur M. Monsieur M. a prévenu ses autres enfants que ce séjour était temporaire. Pourtant lors d'une visite de l'un des enfants, ce dernier apprend de la part du personnel que l'admission est définitive. Constatant une dégradation de l'état de santé de son père, il souhaite pouvoir retirer Monsieur M. de l'établissement. La directrice de l'établissement s'y refuse. Le peut-elle ?
Le choix de Monsieur M. semble avoir été librement acquis. Dès lors, en l'absence de mandat de curatelle ou tutelle, l'un des enfants ne peut s'opposer à ce choix. Toutefois la directrice de l'établissement aura intérêt à solliciter les enfants afin qu'ils s'organisent en conseil de famille et adoptent une position commune.
Elle ne pourra s'opposer à ce que chaque enfant visite à titre personnel leur père. Cependant si elle craint que certains tentent de profiter de l'état de faiblesse de Monsieur M., elle alertera les services sociaux du département afin qu'une mesure de protection puisse éventuellement être prise.

L'hospitalisation psychiatrique d'office et l'hospitalisation à la demande d'un tiers

Peut-on demander l'hospitalisation d'une personne âgée dans un établissement psychiatrique sans son accord ?
Cette situation est très complexe car elle appelle des réactions souvent affectives de proches qui n'hésitent pas à parler d'enfermement abusif, d'internement. Cependant, le grand âge confronte à ces situations.
Il convient en droit de distinguer plusieurs états.

L'hospitalisation sous contrainte peut d'abord résulter d'une situation médicale particulière.

En cas d'urgence infectieuse et épidémiologique (la personne peut être contagieuse et propager un virus), des décrets peuvent préciser les règles d'hospitalisation d'office d'une personne. Ce fut par exemple le cas lors d'une pandémie de SRAS – symptôme respiratoire aigu sévère – en 2003.
D'autres textes précisent cette possibilité, mais restent peu voire pas appliqués. Il s'agit de la loi du 15 avril 1954 sur l'alcoologie d'une personne et la loi du 31 décembre 1970 sur la toxicomanie.

En matière d'hospitalisation psychiatrique sans consentement de la personne, les deux cas qui se présentent sont :

- ✓ l'hospitalisation à la demande d'un tiers ;
- ✓ l'hospitalisation d'office.

Ces situations concernent des personnes en état de démence et qui doivent être hospitalisées dans un établissement psychiatrique.

☞ L'hospitalisation à la demande d'un tiers

Le malade n'est pas consentant ou n'a pas la capacité à consentir à son hospitalisation. L'article L 3212-1 du code de la santé publique précise les modalités.
La demande est alors formulée par un proche sous forme manuscrite. Il peut s'agir :

- ✓ du conjoint ;
- ✓ d'un enfant majeur ou parent ;
- ✓ du tuteur, curateur ;
- ✓ du responsable d'un établissement accueillant la personne en l'absence de proches, tuteur ou curateur ;
- ✓ d'une personne titulaire de l'autorité parentale s'il s'agit d'un mineur.

Par contre le personnel et l'équipe de direction de l'hôpital qui va accueillir le patient ne peuvent être considérés comme "tiers".

La personne qui formule cette demande doit obtenir l'avis circonstancié de deux médecins. L'un peut exercer dans l'établissement qui va accueillir le malade, mais l'autre doit obligatoirement ne pas exercer dans cet établissement. En outre, les deux médecins établissant ces certificats ne peuvent être parents ou alliés au 4ème degré, ni entre eux, ni avec le directeur du centre de soin, ni avec l'auteur de la demande de tiers, ni avec la personne hospitalisée.
Les deux certificats ne doivent pas dater de plus de 15 jours. La demande quant à elle, est valable 15 jours.
C'est le directeur de l'établissement médical (clinique, hôpital) qui prononce l'admission.
Le malade reçoit dans la journée la visite d'un médecin psychiatre qui établit un compte rendu circonstancié. Le malade est informé de ses droits lesquels sont régis par le code de la santé publique.
Il s'agit de droits fondamentaux tels le droit à une correspondance qui ne peut être ouverte, de saisir les autorités préfectorales ou judiciaires, d'accéder à un avocat ...
Dans le cadre d'un péril imminent pour la santé du malade dûment constaté par le médecin, l'admission pourra exceptionnellement être effectuée au vu de la demande d'admission du tiers et d'un seul certificat médical.

☞ L'hospitalisation d'office

C'est un internement d'ordre administratif. L'hospitalisation est régie par les articles L 3213-1 et suivants du code de la santé publique. La pièce essentielle est l'arrêté préfectoral. Cet arrêté préfectoral (ou du préfet de police à Paris) doit être motivé et indiquer les circonstances qui l'ont rendu nécessaire. Cette motivation se fonde sur :

- ✓ une enquête du maire ou des services de police notant les témoignages recueillis et les faits démontrant le trouble mental et le caractère dangereux des actions ;
- ✓ un certificat médical constatant l'existence de troubles mentaux et leur dangerosité. Ce certificat médical ne peut émaner d'un psychiatre exerçant dans l'établissement de santé devant accueillir le patient.

Dans le cadre d'un danger imminent pour la sûreté des personnes, dûment constaté par un médecin, ou à défaut par la notoriété publique, le maire peut ordonner une mesure provisoire d'hospitalisation à l'égard des personnes dont les troubles mentaux sont manifestes. Le préfet devra ensuite prononcer un arrêté d'hospitalisation d'office dans les 48 heures après l'admission.

Quelle réponse apporter aux aidants familiaux ?

Un aidant familial est une personne qui vient en aide à titre non professionnel en partie ou totalement à une personne âgée dépendante ou une personne handicapée pour les activités de la vie quotidienne.

Bien souvent, il s'agit d'un membre de la famille de la personne assistée. Toutefois la charge financière, affective, la disponibilité requise peuvent s'avérer être très lourdes et très contraignantes. Les forums internet reproduisent ainsi ces questions d'internautes exprimant leur découragement, leur choix d'arrêter et de rechercher un hébergement. Or, nous le savons, on ne peut pas placer une personne âgée sans son consentement.

Il existe toutefois différents dispositifs permettant de soulager les aidants familiaux.

☞ L'hébergement de jour

Financées par les départements et gérées le plus souvent par des associations, il s'agit de petites structures accueillant de 10h à 17h des personnes souffrant de troubles de la mémoire et de l'orientation. Un véhicule de l'association vient prendre les personnes à leur domicile et durant la journée, celles-ci vont participer à différentes activités destinées à favoriser leur autonomie. Elles réapprennent les gestes de la vie quotidienne qu'elles ne font plus à la maison. Les après-midis étant consacrés à des ateliers mémoire.

☞ Les aidants peuvent aussi se rapprocher des CCAS et des CLIC.

Ces services les orienteront vers des associations et des aides permettant de soulager l'aidant familial dans l'assistance quotidienne et le nursing[13].

☞ La MDPH

La MDPH est la Maison Départementale des personnes handicapées. Mais ce nom peut prêter à confusion. La MDPH n'est pas uniquement réservée aux personnes handicapées. Il serait plus approprié de parler de dépendance sous toutes ses formes.
La MDPH est un lieu unique permettant d'obtenir des informations, obtenir des conseils, des aides grâce à un fond départemental de compensation.

[13] Expression anglaise signifiant : « ensemble des soins d'hygiène et de confort prodigués aux personnes dépendantes ».

3 Aider une personne âgée

L'assistance d'une personne âgée peut être réalisée sous deux statuts : celui totalement désintéressé d'ami, proche ou de voisin. Celui ensuite de professionnel de l'accompagnement de personnes à leurs domicile.
Cet engagement auprès d'une personne doit rester dominé par des valeurs humaines. Il est dès lors indispensable de savoir poser des limites et des interdits pour éviter bien des équivoques ou des contentieux futurs notamment avec les héritiers (on les nomme les « ayants droit ») de la personne.

Vous êtes un proche parent, ami, voisin, proche sans lien familial

Nous sommes ici dans l'acte de solidarité qui parfois devient de la solidarité humanitaire.
Loin de nous l'idée de la décourager. Cependant que vous soyez la personne qui va être aidée ou la personne aidant, il convient de veiller à la protection de vos propres intérêts et d'ériger un ensemble d'interdits c'est-à-dire de pratiques que vous refuserez.
Ce faisant, vos relations n'en seront que meilleures.

Les conseils sont les suivants :

conseils		Risques si vous procédez autrement
Ne pas vous faire rémunérer.	⇨	Dans ce cas, vous êtes soit rémunéré au titre d'un emploi salarié et la personne que vous accompagnez est réputée être votre employeur, soit vous réalisez cette prestation à titre personnel et devez justifier d'une identité professionnelle (société, auto-entrepreneur …).
	⇨	Vous devez en tout état de cause payer des charges sociales, déclarer cette activité et ce revenu. Dans le cas d'un emploi salarié, le contrat cesse soit par démission soit par licenciement.
Ne pas accepter de dons.	⇨	Les ayants droit lors de l'ouverture de la succession pourraient entamer des poursuites au titre de la captation d'héritage, ou encore de l'abus frauduleux de l'état de faiblesse, et tenter de rapporter ces sommes à l'héritage.

Vous pouvez accepter des cadeaux, mais à la condition qu'ils soient sans valeur et que ces cadeaux ne soient pas répétés.	⇨	Ici encore, la répétition de dons peut susciter une suspicion de la part de personnes pas toujours bien intentionnées et qui souhaiteraient voir ces biens être rapportés à l'héritage.
Ne pas accepter de se voir confier un n° de code bancaire ou une procuration pour des retraits. Si vous acceptez de recevoir une procuration, assurez-vous qu'elle est limitée dans son objet et dans le temps.	⇨	En cas d'erreur, vous pourriez être mis en cause. Mais également, des ayants droit de mauvaise foi pourraient arguer de votre situation et tenter de démontrer que vous avez soustrait des sommes.
Si vous accompagnez une personne âgée pour des retraits, faites-vous connaître par le banquier et n'obtenez pas délégation de signature ou de pouvoir.	⇨	Le mandat de protection future ou la sauvegarde de justice sont des dispositifs faits pour cela. Sortir de ces cadres, vous exposerait à une suspicion de la part des ayants droit et ces derniers pourraient choisir d'introduire une action civile ou pénale à votre encontre.
Si vous accompagnez une personne âgée chez un commerçant ou à la banque ne l'aidez pas en rédigeant pour elle un bordereau. Demandez au commerçant ou à l'employé qu'il le fasse.	⇨	Oh bien sûr, vous n'y voyez pas malveillance, mais une personne tierce pourrait s'étonner et s'inquiéter d'une éventuelle situation d'abus de faiblesse.
Ne conduisez pas sa voiture à moins que vous n'ayez obtenu de la part de l'assurance de la personne que vous accompagnez, une extension de garantie.	⇨	En cas d'accident, vous serez civilement et pénalement responsable, et vous ne conduisiez pas votre voiture, votre propre assurance n'interviendra pas pour indemniser les victimes.

Il ne s'agit que de conseils car rien ne vous interdit d'agir autrement. Cependant, que vous soyez la personne assistée ou celle qui aide, pensez à éviter toute équivoque.

Par contre, aucune disposition n'interdit le fait que vous soyez appelé à l'héritage de la personne dans la limite de la quotité disponible réservée aux ayants droit. En effet, vous n'êtes pas un professionnel de santé et les restrictions portant sur ces personnes ne vous sont pas applicables.

Les autres statuts

Vous pouvez accompagner une personne âgée sous différents statuts : celui de salarié de la personne âgée, d'entrepreneur, de salarié d'une association.

Que se passe-t-il si :

- Vous cassez un objet : peut-on retenir la valeur sur votre salaire ?
- Sur la demande de la personne âgée, vous réalisez un travail. Mais cela gêne fortement un voisin. Votre responsabilité est-elle en cause ? Devez-vous refuser ?
- Vous êtes salarié. Dans le cadre de votre activité, vous faites chuter un objet : qui est responsable ? Vous ou votre employeur ?
- Vous recevez des libéralités (petits cadeaux) de la part d'une personne âgée chez laquelle vous intervenez. Vous êtes salarié : pouvez-vous accepter ? Commettez-vous une faute professionnelle en acceptant ?
- Vous êtes appelé à la succession.
- On vous demande de faire des choses qui n'entrent pas, pensez-vous, dans votre sphère de compétence.

Voici les réponses.

☞ Vous êtes : professionnel de l'aide à domicile

Vous intervenez donc au nom de votre entreprise.

Votre intervention va être réalisée dans le cadre d'un contrat précisant l'objet de votre intervention, la durée, les obligations réciproques, les moyens matériels que vous allez utiliser. A partir de cet instant, vous êtes réputé intervenir en « bon professionnel ». Vous serez responsable de la casse d'un objet (et votre assurance responsabilité civile couvrira les dommages), mais également de la gêne occasionné voire des dommages causés à des tiers.
Bien sûr, aucun motif ne saurait justifier que vous receviez des cadeaux ou libéralités. S'il s'agit d'un objet sans valeur ou d'une petite somme pouvant être assimilée à un « pourboire », vous pourrez l'accepter. Mais dans les autres cas, même si légalement rien n'interdit de recevoir des sommes et libéralités, nous vous recommandons de ne rien accepter.

La personne chez qui vous intervenez vous demande maintenant de faire des prestations qui n'entrent pas dans votre sphère de compétence ni dans le contrat signé. Rappelez-vous que vous engagez votre responsabilité civile et professionnelle pour chacune de vos interventions. Votre acceptation, même si dans votre esprit : « c'était pour rendre service », vaut contrat. Dès lors vous vous êtes engagé et surtout devrez garantir d'éventuelles malfaçons.

☞ **Vous êtes : particulier employeur**

Ici la personne âgée est l'employeur et elle salarie pour quelques heures une personne. Un contrat de travail a donc été rédigé.

Si votre salarié casse un objet, vous ne pouvez pas retenir la valeur de l'objet sur son salaire. Il y a là éventuellement un motif de licenciement, mais en aucun cas vous ne pouvez prétendre obtenir réparation.
La question peut se poser au sujet d'un objet de grande valeur. Sauf à prouver un acte volontaire et introduire une action au civile et au pénal en réparation du préjudice (vous saisirez alors, par l'intermédiaire d'un avocat le Tribunal d'instance ou de Grande Instance selon la valeur de l'objet et le Procureur de la République).
Votre salarié en intervenant cause un préjudice à un voisin. S'il est intervenu sous votre directive, la responsabilité est la vôtre en qualité d'employeur et en cas de demande de dommages-intérêts, vous serez appelé à dédommager votre voisin.
S'il a agit de sa propre initiative mais dans le cadre de son travail chez vous, vous êtes également responsable. Vous ne pourrez pas demander à votre salarié de vous rembourser. La seule chose que vous puissiez faire et de le licencier pour faute.
Si enfin il a pris une initiative sans rapport avec le travail qu'il doit réaliser pour votre compte et que celle-ci cause un préjudice, vous devrez apporter la preuve de ce fait et seulement dans ce cas, votre responsabilité ne sera pas engagée.

☞ **Vous êtes : salarié d'une entreprise ou d'une association**

Vous intervenez au domicile d'une personne à la demande de votre employeur. Si vous cassez un objet ou causez un préjudice, sauf dans le cas où l'acte est volontaire et grave (altercation suivie d'une bagarre par exemple), la responsabilité est celle de votre employeur.

La responsabilité est dite celle des commettants du fait de leurs préposés. Il s'agit d'une responsabilité du fait d'autrui.

Ce type de responsabilité est régi à l'article 1384 du Code civil dont son 5e alinéa dispose que : *« Les maîtres et les commettants, (sont solidairement responsables) du dommage causé par leurs domestiques et préposés dans les fonctions auxquelles ils les ont employés ».*

Lien de préposition signifie qu'il y a un rapport de subordination entre le commettant et le préposé, c'est-à-dire un rapport hiérarchique de type employeur/employé. Le commettant a donc le pouvoir de commander et diriger l'action du préposé. Ce lien de préposition provient généralement du contrat de travail, mais pas seulement. En effet, il peut également ressortir dans les faits de liens d'amitié, de famille, de complaisance (ex: le pouvoir du beau-père sur son gendre). Ce qui compte, c'est la réalité du pouvoir de l'un, sur l'autre.

Il peut arriver qu'il y ait plusieurs commettants pour un seul préposé et ce dans deux cas de figure :

- Le déplacement du lien de subordination : le préposé normalement durablement lié à un commettant est mis temporairement à la disposition d'un tiers. Il convient alors de savoir, au moment de la survenance du dommage, qui avait l'autorité effective entre le tiers et le commettant.

- L'attribution effective de lien de préposition : le préposé peut avoir deux commettants en même temps, dont la responsabilité n'est alors pas cumulative mais alternative selon l'activité exercée et du genre de faute commise par le préposé.

Pour que la responsabilité délictuelle soit engagée, il faut un fait fautif. Il faut prouver que le préposé a commis un acte de nature à engager sa responsabilité personnelle pour engager la responsabilité du commettant.

En pratique, le commettant donc ici l'employeur, pourra ensuite se retourner contre son salarié et procéder à une mesure de licenciement. Par contre, il ne pourra pas se dédommager en procédant à une retenue sur salaire par exemple.

Être particulier-employeur

Un particulier-employeur est une personne qui emploie à son domicile une personne pour l'assister dans différentes tâches : ménage, jardinage, soins, garde ...
Le particulier-employeur est donc au sens juridique, un "employeur". Il doit respecter différentes obligations :

Etablir un contrat de travail	⇨ ⇨	Vous devez obligatoirement rédiger un contrat de travail. Pour cela, n'hésitez pas à télécharger un imprimé type sur le site www.fepem.fr ou demander l'assistance de cette association.
Vérifier que la personne qu'il emploie remplit certaines conditions	⇨	Vous devez vérifier que la personne est immatriculée à la sécurité sociale (carte vitale), qu'il ou elle dispose – pour une personne de nationalité étrangère – d'une carte de résident, d'une carte de séjour et d'une autorisation de travail en cours de validité.

Si la personne que vous souhaitez employer n'est pas immatriculée à la sécurité sociale	⇨ ⇨	Si la personne n'a jamais été immatriculée à la sécurité sociale, vous devez demander son rattachement au régime de sécurité sociale. Adressez-vous pour cela à votre centre de sécurité sociale. Le formulaire est : n° S102e - "demande d'immatriculation d'un travailleur"
Le contrat de travail peut être :	⇨ ⇨	à durée déterminée : dans ce cas, la date de fin est précisée ou dépendra de la fin d'un évènement (la fin d'une hospitalisation par exemple). Le motif doit être précisé. N'hésitez pas à prendre conseil auprès de la FEPEM à durée indéterminée : dans ce cas aucune date de fin n'est précisée.
La convention collective de référence est :	⇨ ⇨	soit celle des particuliers-employeurs (à télécharger sur le site www.fepem.fr) soit celle des jardiniers et jardiniers gardiens
S'inscrire comme particulier employeur auprès de l'URSSAF	⇨ ⇨	Si vous employez pour la première fois un salarié à votre domicile, vous devez vous déclarer en tant que particulier-employeur auprès de l'URSSAF (voir les adresses sur le site : www.urssaf.fr) dans les 8 jours suivant l'embauche de la personne. Si vous avez recours au CESU, vous êtes dispensé de cette formalité. Le volet social du CESU tient lieu de déclaration d'embauche.
Déclarer un salarié à domicile grâce au CESU	⇨ ⇨ ⇨	Le CESU ou chèque emploi service universel est destiné à faciliter les formalités administratives et déclaratives. Il est composé de deux volets : ☞ le premier volet sert à rémunérer le salarié. Selon la forme du CESU, il peut l'encaisser comme un chèque de banque ou demander un remboursement auprès du Centre de Remboursement du CESU : CR-CESU ☞ le second volet (volet social) permet de déclarer le salarié, de calculer les heures de travail et de prélever les cotisations sociales dues sur votre compte bancaire. Il est désormais possible de s'inscrire directement sur le site internet www.cesu.urssaf.fr/cesweb. Cette inscription permet de rémunérer le salarié par un chèque de banque classique et de déclarer les heures et les salaires sur le site internet. Le CESU présente plusieurs intérêts : ☞ l'envoi du premier volet tient lieu de déclaration

		auprès de l'URSSAF (pour vous-même) et de la sécurité sociale (pour votre salarié) ; ☞ les cotisations sociales sont calculées directement par le CNCESU. Elles sont ensuite prélevées sur votre compte bancaire et vous recevez un avis de prélèvement ; ☞ Vous êtes dispensé de rédiger un bulletin de paye ; ☞ Vous êtes dispensé d'établir un contrat de travail si la durée de travail n'excède pas 8 heures/semaine ; ☞ Les réductions fiscales et sociales sont calculées automatiquement.
Si vous réglez votre salarié avec le CESU	⇨ ⇨ ⇨	Il existe deux types de CESU : ✓ Le CESU bancaire. Le salarié le dépose à la banque et l'encaisse comme un chèque classique. ✓ Le CESU préfinancé. Il se présente sous la forme d'un titre avec une valeur prédéfinie (comme un chèque restaurant). Le salarié encaisse le CESU préfinancé auprès du centre de remboursement du CESU. Vous devez en outre : ✓ affilier votre salarié au CRCESU (centre de remboursement des CESU) – www.cr-cesu.fr Vous affilier vous-même au CNCESU (centre national du CESU) afin de déclarer le salaire – www.cesu-urssaf.fr
Déclarer votre salarié à un service médical inter-entreprise	⇨ ⇨	Vous devez déclarer votre salarié à un service médical inter-entreprises dans le mois qui suit l'embauche. Ce service convoquera le salarié à une visite médicale la liste des services médicaux interentreprises peut être obtenue auprès de la direction départementale du travail.
Les droits de votre salarié	⇨ ⇨ ⇨ ⇨ ⇨ ⇨	son emploi peut être à temps partiel ou temps plein (35h) ; il peut bénéficier d'heures supplémentaires en cas de dépassement de la durée légale du travail ; il dispose de jours de repos ; il peut prendre des congés payés ; son salaire est payé mensuellement ; il est affilié à une caisse de retraite, cotise aux ASSEDIC, à différentes caisses en cas de maladie, il est pris en charge par la sécurité sociale …

Rompre le contrat de travail	⇨	Le contrat de travail cesse : ✓ soit parce qu'il arrive à son terme (contrat à durée déterminée) ; ✓ soit par commun accord (utilisez dans ce cas le formulaire de rupture conventionnelle du contrat de travail – vous obtiendrez le formulaire auprès de la direction départementale du travail) ; ✓ soit par licenciement. Dans ce cas, il est indispensable de respecter l'ensemble des obligations légales : information des motifs de la rupture – convocation à un entretien préalable afin d'expliquer les motifs – paiement le cas échéant d'une indemnité de rupture – établir un solde de tout compte.

Attention : si les horaires de travail sont atypiques (travail de nuit – présence les jours fériés), et si certaines conditions d'emploi sont prévues (mise à disposition d'une chambre – personne nourrie ...) pensez à toujours rédiger un contrat de travail qui établira la liste de ces prestations.
La FEPEM précise pour sa part que le CESU est inadapté dans certaines situations (si le salarié est nourri et logé, pour les assistantes de vie présentes la nuit ...)

Où se renseigner ?
Le site de la sécurité sociale : www.ameli.fr/employeurs
L'agence nationale des services à la personne : www.servicealapersonne.gouv.fr
Votre URSSAF : www.urssaf.fr
La FEPEM : www.fepem.fr
CESU : www.cesu.urssaf.fr
www.mon.service-public.fr

4 Comment et à qui signaler la maltraitance d'une personne âgée ?

Avec la maltraitance, nous entrons dans un sujet peu abordé et donc méconnu. Ne pensez pas que la maltraitance ne consiste qu'en des actes de violence physique. Les principaux cas de maltraitance sont psychologiques et constitutifs de souffrances morales. Il s'agit par exemple d'humilier et rabaisser une personne, de la priver de certains droits fondamentaux tel celui de communiquer par téléphone.
La dénonciation de la maltraitance est rarement le fait de la personne elle-même. Elle résulte donc d'une intervention d'un parent, ou d'un aidant (personnel de maison de retraite, bénévoles ...).

Considérée aujourd'hui comme une cause nationale, la maltraitance ou les mauvais traitements infligés à des personnes âgées, particulièrement vulnérables et dépendantes, existent et doivent être signalés par quiconque en a eu connaissance.

Familiale ou institutionnelle, la maltraitance s'entend de toutes formes de violences et de négligences, associées ou non, notamment physiques, morales et psychologiques, médicamenteuses, financières, négligence active (l'enfermement...) ou passive (absence d'aide à l'alimentation...), violation des droits civiques (atteintes aux libertés et droits fondamentaux des personnes).
Il en est de même du délaissement en un lieu quelconque, d'une personne qui n'est pas en mesure de se protéger en raison de son âge ou de son état physique ou psychique.

Ce sont souvent les proches qui alertent les autorités mais aussi les personnes âgées elles-mêmes et les professionnels. Quant aux personnes tenues au secret professionnel, même si elles ne sont pas soumises à l'obligation de signalement, tels les médecins, elles peuvent néanmoins être poursuivies pénalement pour non assistance à personne en état de péril.
L'état de péril est un état dangereux ou une situation critique qui fait craindre de graves conséquences pour la personne qui y est exposée et qui risque, selon les circonstances, soit de perdre la vie, soit des atteintes corporelles graves.

Toutefois, les professionnels de santé agissant pour le compte de la justice doivent référer à l'autorité judiciaire des sévices constatés dans l'exercice de leur profession, conformément à un arrêt de la Chambre criminelle de la Cour de cassation du 8 octobre 1997.
Le code de déontologie médicale rappelle également que lorsqu'un médecin discerne qu'une personne est victime de sévices ou de privations, il doit mettre en œuvre les moyens les plus adéquats pour la protéger. Le signalement aux autorités judiciaires, médicales ou administratives reste

facultatif, mais en règle générale le médecin ne doit pas hésiter à les alerter sauf circonstances particulières qu'il apprécie en conscience.

Les autorités judiciaires à saisir sont le Procureur de la République ou son substitut. Les autorités administratives s'entendent du préfet du département, du directeur départemental des affaires sanitaires et sociales ou du médecin inspecteur de la santé, des travailleurs sociaux qui en informent sans délai le président du conseil général ou toute personne désignée par lui.

Par ailleurs, le législateur autorise la levée du secret professionnel pour informer les autorités compétentes des sévices ou privations imposés à une personne hors d'état de se protéger elle-même en raison de son âge ou de son état physique ou psychique.

Le médecin n'est tenu qu'au signalement des faits constatés. Il ne dénonce pas leur auteur.

Sont considérés comme des cas de maltraitance :

Les violences physiques :

- Brûlures
- Gifles
- Ligotage *(différent de la contention à but thérapeutique)*
- Séquestration
- Bousculades
- Sévices sexuels

Les violences financières :

- Extorsion de fond, détournement
- Economies abusives *(privation de confort dans le but de ne pas appauvrir le patrimoine)*
- Vol d'un moyen de paiement
- Testament sous contrainte
- Procuration abusive

Les négligences actives :

- Privation de visite *(sélection par un tiers des visites rendues à la personne âgée)*
- Placements abusifs *(placement contre le gré de la personne âgée)*

Les négligences passives :

- Indifférence
- Manque d'aide
- Oubli

Les violences psychologiques :

- Menaces
- Chantage
- Infantilisation, *(non considération de la personne âgée dans sa position adulte)*
- Culpabilisation *(faire culpabiliser la personne âgée sur le coût de sa prise en charge affective, physique et financière)*
- Tutoiement
- Intolérance sexuelle (*ne pas respecter les choix affectifs de la personne âgée et limiter leur expression*)
- Insultes

Les violences médicamenteuses :

- Excès de neuroleptiques
- Non prise en charge de la douleur
- Non prise en charge de la dépression

Signaler la maltraitance : en pratique

1

Le 3977, unique numéro national d'appel contre la maltraitance des personnes âgées et des personnes handicapées.

2

Il existe un comité national de vigilance contre la maltraitance des personnes âgées et des adultes handicapés, présidé par le ministre chargé des personnes âgées et des personnes handicapées.

3

Cette instance est composée de multiples acteurs (usagers, institutionnels, experts) et participe activement à la définition, à la mise en œuvre et au suivi de la politique de prévention et de lutte contre la maltraitance.

4

Au niveau départemental existent des dispositifs coordonnés de prévention et de lutte contre la maltraitance envers les adultes vulnérables, et notamment les personnes âgées. Par ailleurs, un dispositif centralisé et animé par la Direction générale de la santé a été mis en place.

4

A signaler également : la protection juridique des personnes ayant procédé à des signalements est assurée.

5 Les différents établissements accueillant des personnes âgées

Les différents établissements

☞ **L'unité de soins longue durée** - USLD

Il s'agit d'une unité intégrée à un établissement hospitalier destinée à l'hébergement de personnes âgées dépendantes et dont l'état de santé appelle une surveillance constante et des traitements médicaux d'assistance. Les dépenses de soins sont prises en charge par l'assurance maladie.

☞ **La maison de retraite**

Le terme « maison de retraite » désigne différents d'établissements accueillant des personnes âgées valides ou à mobilité réduite. Il peut s'agir d'établissement d'hébergement, de maisons de retraite dites « médicalisées » ou à « section de cure médicale ».
Par opposition aux EHPAD, elles n'ont pas signé avec les services du Conseil général et l'assurance maladie une convention tripartite.
Ces établissements offrent un hébergement en chambre meublée et laissent la possibilité d'apporter quelques affaires personnelles. Chaque chambre dispose d'un système d'appel d'urgence.
L'encadrement est assuré par un personnel spécialisé dont un médecin coordonnateur qui intervient une à deux journées par semaine, une infirmière attachée à l'établissement et des aides-soignantes qui constituent l'essentiel de l'effectif salarié.
La surveillance de nuit est assurée par un veilleur de nuit ou une aide-soignante.
Si l'établissement comporte une section de cure médicale, un personnel infirmier salarié est obligatoirement rattaché à l'établissement.

☞ **L'unité géronto-psychiatrique - UG - Psy**

Ces unités autonomes sont intégrées au sein d'un établissement hospitalier et accueillent un petit groupe de personnes valides physiquement mais qui souffrent de troubles du comportement. L'encadrement médical et infirmier est adapté aux pathologies des personnes accueillies.

☞ **Les CANTOU**

Les CANTOU ou Centres d'Activités Naturelles Tirées d'Occupations Utiles sont aussi appelées unités spécialisées Alzheimer. Intégrées à des

établissements hospitaliers les CANTOU accueillent donc de petits groupes de personnes atteintes de cette maladie.
La mission du CANTOU est d'assurer une autonomie de la personne malade mais aussi et surtout de freiner l'évolution de la maladie et ses conséquences sur la perte d'autonomie du résident.

☞ Le domicile collectif

Cette solution connaît aujourd'hui une grande vogue. Il s'agit pour des personnes âgées de se réunir au sein de petits villages ou logements collectifs afin d'une part de garder une forme d'autonomie, d'autre part mettre en commun des services et initier une entraide.

☞ L'hébergement temporaire

Ces unités ne sont pas à confondre avec un hébergement temporaire de personnes valides et disposant de revenus suffisants et qui, à la suite d'une hospitalisation par exemple, doivent être accueillies dans un établissement spécialisé.
Elles désignent des établissements qui vont accueillir temporairement des personnes âgées ayant besoin d'être momentanément aidées du fait de l'inconfort de leur habitat, de leur isolement en hiver, de l'absence de leur famille, la maladie de leur conjoint … La durée de l'hébergement pouvant atteindre 90 jours. Cette réglementation est présentée en annexe page 112.

☞ Les foyers logements

Ces solutions mises en place par les communes sont une solution alternative entre la maison de retraite et le maintien à domicile.
Ces foyers mettent à disposition de petits appartements qui seront meublés par la personne âgée. Ce type d'hébergement convient à des personnes âgées autonomes, à des couples. Il offre un cadre sécurisé en mettant à disposition du personnel (de ménage, des aides-soignantes …) et propose parfois des prestations communes : salle de restaurant, blanchisserie, ménage, animation …

☞ Les résidences service

Nous sommes dans le « haut de gamme ». Ces établissements privés proposent une qualité de service proche de celui de résidences hôtelières et mettent à disposition de petits appartements.
Bien sûr, les services sont proposés à des personnes valides et s'il existe un encadrement médical, celui-ci n'est pas formé à l'accompagnement de personnes dépendantes.

☞ L'hébergement chez un particulier

Cet hébergement appelé aussi accueil familial nécessite un agrément du président du conseil général, un nombre limité de personnes accueillies (3 au maximum) et le respect des règles de sécurité (sécurité incendie, accessibilité ...) et d'intimité (chambre individuelle - possibilité d'avoir des effets personnels - accès à des équipements sanitaires (douche, bains, WC).

☞ Les EHPAD

Pour Etablissement d'Hébergement pour Personnes Agées Dépendantes. Ces maisons de retraite accueillent des personnes en perte d'autonomie et offrent à leurs résidents un encadrement médical et des activités adaptées pour des longs séjours ou séjours temporaires.
Elles signent une convention tripartite avec le département et l'Assurance maladie par laquelle elles s'engagent à respecter un cahier des charges précis et à adopter une démarche qualité.

☞ Les cliniques SSR (soins de suite)

Les cliniques de soins de suite et de réadaptation (SSR) ont pour fonction de redonner l'autonomie aux patients. Elles jouent un rôle actif dans la chaîne des soins, entre l'hôpital, le domicile et la résidence de retraite et accueillent des personnes âgées sur des courts et moyens séjours. Les activités des cliniques de SSR s'inscrivent dans les schémas régionaux de l'offre de soins définis par les Agences régionales de l'hospitalisation (ARH). Les SSR n'ont pas vocation à garder les personnes hospitalisées sur une longue période. La sortie de la clinique fait donc l'objet d'une préparation, parfois d'un accompagnement social et sanitaire. Le compte-rendu d'hospitalisation est remis au patient et adressé à toutes les parties prenantes médicales.

L'hébergement chez un particulier

Cette solution nécessite d'une part la rédaction d'un contrat d'hébergement, d'autre part l'obtention d'un agrément.
Article L 231-4 du code de l'action sociale et de la famille précise : *« toute personne âgée qui ne peut être aidée utilement à son domicile peut être placée, si elle y consent, dans des conditions fixées par décret, soit chez des particuliers, soit dans un établissement ... ».*
L'hébergement chez un particulier - on parle alors de famille d'accueil ou « accueillant familial » - se fait dans le cadre des articles L 441-1 à L 443-12 du code de l'action sociale et des familles.
Art. L 441-1 : *« pour accueillir habituellement à son domicile, à titre onéreux, des personnes âgées ou handicapées adultes n'appartenant pas à sa famille jusqu'au 4e degré inclus, et s'agissant de personnes handicapées adultes, ne relevant pas des dispositions de l'article L 344-1, une personne ou un couple doit au préalable faire l'objet d'un agrément, renouvelable par le président du conseil général de son département de résidence qui en instruit la demande.*
La personne ou le couple agréé est dénommé accueillant familial ... ».

Cet hébergement est encadré et par exemple, s'agissant de l'accueil d'un adulte handicapé, le code de l'action sociale rappelle que les personnes âgées handicapées orientées en MAS ou FAM (foyer d'accueil médicalisé) ne peuvent faire l'objet que d'un placement familial organisé par un établissement médico-social ou un service agréé à cet effet.

☞ **Le contrat d'hébergement**

Il est passé par écrit entre la personne agréée et la personne accueillie ou son représentant légal.
Le *contrat* précise notamment :

- ✓ les conditions matérielles et financières de l'accueil et les droits et obligations de chacun,
- ✓ les conditions de révision, suspension ou dénonciation du contrat.

☞ **La rémunération** de la famille d'accueil se compose de quatre parties :

Une rémunération journalière	dont le montant est revalorisé en même temps que le SMIC, portée à 19,025 € pour un accueil à temps complet. (Montant depuis le 1er janvier 2005). L'indemnité journalière donne également lieu à une indemnité de congés payés.
Une indemnité en cas de sujétions particulières.	Ces sujétions sont liées à la disponibilité supplémentaire exigée par l'état de la personne accueillie. Depuis le 1er janvier 2005, cette indemnité ne peut être inférieure à 3,06 € ni supérieure à 12,24 €.
Une indemnité pour les frais d'entretien courant	Comprise entre 6,12 € et 15,30 € depuis le 1er juillet 2004.
Un loyer	ou *indemnité représentative de mise à disposition* de la ou des pièces réservées à la personne accueillie. En cas de loyer abusif, l'agrément peut être retiré.

Il convient de distinguer la partie "rémunération" qui correspond à un ensemble de services rendus à la personne, de celle du loyer pour la mise à disposition d'une chambre et pièces réservées.
Le contrat passé doit expressément décrire l'ensemble des prestations qu'il s'agisse du logement (et un état des lieux précis est recommandé), ou des services rendus.
La relation qui lie la famille d'accueil et la personne âgée n'est pas une relation d'employeur (la personne âgée) à salarié (la famille d'accueil). Il n'y a donc pas une obligation de se soumettre à l'ensemble des demandes de la

personne hébergée. Mais par contre, si ces prestations devaient être réduites au strict minimum et si les contraintes imposées devaient l'emporter sur les services apportés à la personne âgée, le contrat serait nul au tort de la famille d'accueil.

> Les prestations peuvent être : le ménage de la chambre, la préparation du repas et le service à table, le nettoyage du linge ... Elles sont bien sûr distinctes des équipements mis à disposition tel l'accès à un poste de télévision dans le salon, un garage pour stationner une voiture.
> L'absence de réelles prestations fait que la rémunération n'est pas due. Ce serait le cas si la personne hébergée devait préparer ses repas, accéder à une salle d'eau à une heure spécifique, faire laver son linge par des proches ...

☞ Droits et obligations de la famille d'accueil

Vous devez souscrire un contrat d'assurance responsabilité civile.
Si vous occupez un logement social, vous pouvez en sous-louer une partie à la condition d'en informer votre bailleur par lettre recommandée avec accusé de réception.
Vous êtes affilié obligatoirement au régime général de la sécurité sociale.
Vous ne perdez pas vos droits à la prime ou l'aide de l'Etat à l'amélioration de l'habitat ni à l'aide personnalisée au logement. Vous avez droit à des congés payés.

☞ Droits et obligations des accueillis

Ces obligations concernent la personne âgée. Elle doit souscrire un contrat d'assurance responsabilité civile.
Elle bénéficiera de l'exonération des cotisations patronales de sécurité sociale au titre de la rémunération journalière, sous certaines conditions d'âge ou de besoin d'une tierce personne.
Elle peut prétendre à l'allocation logement et de l'aide personnalisée au logement.
Elle bénéficie de la déduction des revenus imposables d'une partie des rémunérations versées.
Pour toute information, adressez-vous au service départemental d'action sociale et de santé (au conseil général).

☞ L'agrément est obligatoire

Pour accueillir à votre domicile une personne âgée ou un adulte handicapé à titre onéreux et de façon habituelle, vous devez être agréé. La demande peut être faite que vous soyez seul(e) ou en couple.

Le président du conseil général de votre département instruit les demandes d'agrément. Les services du Conseil Général assurent en effet le suivi médico-social et social des personnes accueillies.

L'agrément vous est accordé si vous présentez toutes les garanties nécessaires pour assurer le bien-être, la protection de la santé et la sécurité des personnes accueillies. Entre autres critères :

- ✓ Votre logement doit répondre aux normes minimales d'habitat et de salubrité.
- ✓ Vous devez assurer la continuité de l'accueil.
- ✓ La personne que vous accueillez doit disposer d'une chambre d'au moins 9 m^2 (16 m^2 pour un couple), équipée d'un chauffage adapté au climat et d'un poste d'eau potable à proximité.
- ✓ Pour obtenir l'agrément, vous devez également jouir de vos droits civiques.

☞ **Retrait d'agrément**

S'il est constaté que les conditions de délivrance de l'agrément ne sont plus respectées, le président du conseil général vous enjoint de vous mettre en conformité. A défaut, l'agrément vous est retiré.
Il peut aussi être retiré si le prix du loyer est excessif, si l'obligation d'assurance n'est pas remplie, en l'absence de contrat d'accueil ou de contrat non conforme aux normes.

☞ **Puis-je héberger mes parents ou un proche et bénéficier de ces dispositions ?**

Non ! Les personnes accueillies dans ce cadre ne doivent pas faire partie de votre famille jusqu'au 4e degré inclus.

> En cas de déménagement, vous conservez votre agrément, sous réserve de faire une déclaration auprès du président du conseil général de votre nouveau département.
> Il sera contrôlé que vous respectez bien les normes pour l'agrément (logement, conditions d'accueil..).

Renseignez-vous auprès du centre d'action sociale de votre département.

Comment choisir un établissement ?

De nombreux sites et associations vous aideront dans la recherche d'un établissement pouvant accueillir une personne âgée. Citons entre autres sites internet : www.capretraite.fr, www.pleinevie.fr ou www.annuaire-maison-retraite.org.
Des revues à destination des seniors sont également très riches d'informations et de conseils.

Sur le plan juridique, depuis une loi datant de 2002, les établissements ont obligation de mettre en place :

- ✓ un règlement de fonctionnement ;
- ✓ un conseil de la vie sociale ;
- ✓ un projet d'établissement.

Intéressez-vous à ces trois documents et aux engagements pris. Ils complètent le contrat de séjour.
Puis soyez attentif à : **l'encadrement médical**. L'équipe médicale doit être dirigée par un médecin coordonnateur assisté d'une infirmière référente, d'aides soignantes et d'aides médico-psychologiques. Ces professionnels doivent remettre un projet de soins personnalisé dès l'accueil de la personne âgée.

- ✓ **Le projet de vie et la « bientraitrance** ». L'objectif n'est pas uniquement une qualité de vie au quotidien. Il détaille les actions individuelles ou collectives visant à stimuler les capacités intellectuelles et maintenir une vie sociale chez les résidents.
- ✓ Certains établissements proposeront des **prestations hôtelières**. Soyez également attentif au fait que ces prestations ne génèrent pas un surcoût démesuré ou qu'au contraire, au nom de ces prestations complémentaires payantes, l'accueil et l'accompagnement soient réduits au strict minimum.
- ✓ **L'alimentation**. Elle ne doit pas être l'objet d'une surfacturation. L'alimentation en établissement de retraite participe au projet de l'établissement. Elle ne peut pas être qu'une nécessité et doit maintenir la personne dans le plaisir du goût, de manger.

Le système de tarification d'un établissement

Il comprendra :

☞ Le tarif d'hébergement

Ce tarif porte sur le logement mis à disposition, la pension complète, l'animation, la fourniture du linge de maison, de toilette …

☞ Le tarif des soins

Il s'agit des soins apportés par le personnel de la résidence ou des professionnels de santé associés à l'établissement : kinésithérapeutes par exemple.
Par contre, les soins dispensés par des professionnels extérieurs à l'établissement ne peuvent vous être facturés. Ils sont pris en charge par la sécurité sociale, votre mutuelle ou vous-même.

☞ Le tarif dépendance

Il porte sur l'aide à l'accomplissement des actes de la vie courante en cas de perte d'autonomie.
La grille de référence est la grille AGGIR. Ces dépendances peuvent donner lieu au versement en faveur de la personne âgée de l'APA.

☞ Des suppléments

Il s'agit de prestations facultatives : blanchissage du linge personnel, le repas d'invités, la location de la télévision, le téléphone, les services de coiffure et pédicure.

Qui peuvent être vos interlocuteurs ?

Vous pouvez rencontrer, dans votre recherche d'un établissement de retraite, plusieurs catégories d'interlocuteurs :

- ✓ L'administration d'un établissement. Et dans ce cas, vous êtes en contact direct soit avec une société commerciale gérant un établissement, soit avec une association ou un établissement public.
- ✓ Des sociétés commerciales de placement en établissements d'hébergement pour personnes âgées. Il s'agit d'intermédiaires qui vous assistent dans la recherche d'un établissement. Ces intermédiaires peuvent être utiles surtout pour identifier des établissements disposant de chambres disponibles.
- ✓ Des accueillants familiaux. Il s'agit de particuliers qui accueillent à leur domicile des personnes âgées. La relation est commerciale c'est-à-dire que l'accueillant familial perçoit un loyer en échange de l'hébergement et de l'accueil de la personne.

Les clauses ne devant pas figurer dans un contrat de placement

Vous devez être attentif à la présence de certaines clauses. Certaines sont illicites et d'autres sont dénoncées par la profession comme étant exagérées.

Dans ce dernier cas, il ne vous sera pas possible d'obtenir l'annulation du contrat puisque la clause est légale. A vous d'être attentif lors de la signature du contrat.
Voici les clauses que vous devez refuser :

- ✓ Les clauses permettant à l'établissement de modifier unilatéralement la durée ou la nature des prestations complémentaires initialement convenues ;

- ✓ l'ajout dans les tarifs d'hébergement comprenant déjà l'accueil hôtellerie, le paiement d'un trousseau de linge de maison ;

- ✓ le maintien pendant l'hospitalisation dans un autre établissement de la facturation de la prestation dépendance ;

- ✓ permettant à l'établissement de disposer du linge personnel de la personne hébergée ;

- ✓ imposant une pénalité contractuelle lorsqu'il est mis fin au contrat d'hébergement pour un motif légitime ;

- ✓ prévoyant la délégation à l'établissement des ressources de la personne hébergée en contrepartie de la mise à disposition d'une somme minime à titre d'argent de poche ;

- ✓ l'exclusion de toute responsabilité de la part de l'établissement notamment en cas de vol ou d'accident dans les locaux ;

- ✓ permettant à l'établissement de facturer la totalité du prix d'hébergement d'un mois en cas de décès ou de libération de la chambre en cours de mois ;

- ✓ permettant à l'établissement de facturer une somme forfaitaire d'office pour remise en état de la chambre après le départ ou décès de la personne ;

- ✓ de façon générale, aucune délégation ne doit être imposée par l'établissement hors les situations d'urgence médicale ;

- ✓ s'agissant des aides sociales, seules celles expressément désignées comme pouvant être perçues par un établissement peuvent faire l'objet d'un paiement en direct. Aucune clause prévoyant le versement direct à l'établissement d'aides, loyers, revenus fonciers ou mobiliers ne peut être acceptée.

Un site de référence : www.annuaire-maison-retraite.org

Annexe – l'hébergement des personnes en difficulté

Le dispositif d'hébergement relève d'une part de la responsabilité de l'état en application de l'article L 121-7 du code de l'action sociale et des familles, d'autre part de la responsabilité des communes en application de la loi dite DALO (« droit au logement opposable ») du 5 mars 2007.

Ce dispositif concerne les ménages rencontrant des difficultés particulières d'insertion sociale et professionnelle, dépourvues de logement ou vivant dans un habitat insalubre ou ne présentant plus les conditions suffisantes de sécurité. Une personne âgée dont la maison ou l'appartement serait dépourvu de chauffage, d'électricité ou serait considéré comme insalubre entre dans la catégorie des personnes bénéficiaires de ce droit.

L'hébergement temporaire est assuré au sein :

- ✓ de centres d'hébergement et de réinsertion sociale (CHRS) ;
- ✓ de centres d'hébergement de stabilisation ;
- ✓ de centres d'accueil pour demandeurs d'asile (CADA) ;
- ✓ de centres provisoires d'hébergement pour réfugiés politiques (CPH) ;
- ✓ de centres d'adaptation à la vie active (CAVA).

Dans ce cas, l'hébergement est financé par l'Etat sous la forme d'une dotation globale pour les établissements désignés ci-dessus.

Il est également assuré par chaque commune en application de la loi du 5 mars 2007 applicable au 1er janvier 2009, sur la base :

- ✓ une place d'hébergement d'urgence par tranche de 2000 habitants pour les communes membres d'un EPCI dont la population est supérieure à 50.000 habitants ;
- ✓ une place d'hébergement d'urgence par tranche de 2000 habitants pour les communes de plus de 3500 habitants comprises dans une agglomération de plus de 50.000 habitants ;
- ✓ une place d'hébergement d'urgence par tranche de 1000 habitants pour les communes comprises dans une agglomération de plus de 100.000 habitants.

Ce dispositif est complété par la création de résidences sociales et maisons relais en application du programme de cohésion sociale 2005-2009. Elles s'adressent à un public plus autonome et qui ne nécessite pas un accompagnement social.
Les Directions Départementales des Affaires Sanitaires et Sociales (DDASS) sont en charge de l'accompagnement des municipalités pour le montage juridique, technique et financier des projets d'hébergement.

6 Les obligations des établissements accueillant des personnes âgées

Les établissements accueillant des personnes âgées sont soumis à des obligations en fonction de leur statut et mission. Il convient ainsi de distinguer les établissements à caractère hospitalier régis par le code de la santé publique, et les établissements d'accueil de personnes âgées valides ou dépendantes mais non intégrés à un hôpital.
Nous nous intéresserons ici à ce second groupe.
Le cadre qui régit l'accueil de personnes est issu de la loi n° 2002-2 du 2 janvier 2002. Elle réforme la loi du 30 juin 1975 relative aux institutions sociales et médico-sociales et complète le code de l'action sociale et des familles dans son livre III – L. 311.

Les objectifs de la loi du 2 janvier 2002

Ils sont :

- ✓ d'adapter les structures en fonction des besoins des personnes ;
- ✓ de développer les droits des usagers fréquentant les établissements, les services sociaux et médico-sociaux ;
- ✓ d'améliorer la qualité des prestations.

Les résidents sont protégés par sept droits fondamentaux. Les établissements quant à eux disposent de sept outils pour favoriser ces droits.

Les droits fondamentaux des résidents

❶ Respect de la dignité, de l'intégrité, de la vie privée, de l'intimité et de la sécurité.

❷ Libre choix entre les prestations domicile/ établissement.

❸ Prise en charge ou accompagnement individualisé et de qualité respectant un consentement éclairé.

❹ Confidentialité des données concernant le résident.

❺ Accès à l'information.

❻ Information sur les droits fondamentaux et les voies de recours.

❼ Participation directe au projet d'accueil et d'accompagnement.

Pour appliquer ces droits, les établissements doivent mettre en œuvre les dispositifs suivants.

Les outils dont disposent les structures d'accueil

① Le livret d'accueil

Il comprend le règlement de fonctionnement définissant les droits et devoirs de la personne accueillie ainsi que les obligations et devoirs liés à la vie collective.

② La charte des droits et des libertés de la personne accueillie

Elle a été établie par la commission « droits et libertés » de la fondation nationale de gérontologie en 1986. Elle a pour but de reconnaître la dignité de la personne âgée devenue dépendante et de préserver ses droits.

③ Le contrat de séjour ou document individuel de prise en charge

Depuis le 28 novembre 2004 ce document est obligatoire pour tout séjour d'une durée supérieure à deux mois. Il doit être établi dans les deux semaines qui suivent l'admission.
Un avenant est rédigé six mois après la date d'entrée. Il précise les modalités de prise en charge et les prestations fournies. Le contrat est réactualisé tous les ans si nécessaire.
Il doit y être mentionné :

- ✓ la durée du séjour ;
- ✓ les objectifs de la prise en charge ;
- ✓ la liste des prestations offertes et leur prix (logement, restauration, blanchisserie ...) ;
- ✓ les soins dispensés ;
- ✓ le coût du séjour ;
- ✓ les modalités de facturation en cas d'absence ou d'hospitalisation du résident ;
- ✓ les conditions et modalités de résiliation.

④ La personne qualifiée

Toute personne prise en charge par un établissement, sa famille ou son représentant légal, doit pouvoir faire appel en vue de l'aider à

faire valoir ses droits en cas de litige, à une personne qualifiée choisie sur une liste établie par le Préfet du département et le Président du Conseil régional. La personne qualifiée rend compte de ses interventions aux autorités chargées du contrôle des établissements ou services concernés, à l'intéressé(e) ou son représentant légal, dans les conditions fixées par décret.
Les coordonnées des personnes qualifiées sont obligatoirement mises à disposition et affichées dans chaque établissement.

⑤ Le règlement de fonctionnement de l'établissement ou du service

Il définit les droits de la personne accueillie ainsi que ses obligations et devoirs. Il est remis avec le contrat de séjour et doit être affiché dans les locaux. Le règlement de fonctionnement est établi après consultation du conseil de vie sociale :

- ✓ il fixe les modalités de rétablissement des prestations en cas d'interruption (vacances, hospitalisation ...) ;
- ✓ précise l'organisation des locaux collectifs et privés, leur affectation ainsi que les conditions générales de leur accès et de leur utilisation ;
- ✓ mentionne les dispositions relatives aux transferts lors des sorties, déplacements, vacances, les modalités d'organisation des transports ainsi que les conditions d'organisation et de délivrance des prestations offertes à l'extérieur de l'établissement ;
- ✓ prévoit les mesures à prendre en cas d'urgence ou de situations exceptionnelles ;
- ✓ reprend les mesures relatives à la sûreté des personnes et des biens (dépôt d'argent, de bijoux ...) ;
- ✓ énumère les règles essentielles en matière de vie collective, notamment les obligations des personnes accueillies (respect des décisions de prises en charge, des termes du contrat ou du document individuel de prise en charge ...), les rythmes de vie, le comportement civil à l'égard des autres personnes accueillies ou prises en charge comme à l'égard du personnel, le respect des biens et des équipements collectifs. Ces obligations concernent également les prescriptions d'hygiène et de vie ;
- ✓ Le règlement rappelle enfin que les faits de violence ou de maltraitance sur autrui sont susceptibles d'entraîner des procédures administratives et judiciaires.

⑥ Le conseil de vie sociale

Il a pour vocation d'associer les usagers, les familles, le personnel à tout ce qui concerne le fonctionnement de l'établissement. A cet effet, les membres du conseil émettent des avis et font des propositions, en particulier sur :

- ✓ la vie quotidienne, l'organisation interne, le règlement intérieur, l'animation et la vie culturelle ;
- ✓ le fonctionnement de l'établissement ;
- ✓ la tarification ;
- ✓ les travaux d'entretien.

⑦ Le projet d'établissement

Ce projet vise à engager les équipes (personnel médical, administratif, aides-soignants ...) dans des démarches d'amélioration de la qualité en particulier :

- ✓ la base du projet médical ;
- ✓ les soins infirmiers ;
- ✓ les autres soins apportés (par exemple, le « nursing ») ;
- ✓ les loisirs et activités collectives ;
- ✓ la politique sociale, de formation des équipes ;
- ✓ le système d'information ...

Ce projet définit les objectifs et surtout les critères d'évaluation de la qualité des prestations. Il est établi pour une durée de 5 ans.

Quelle est la portée juridique des droits fondamentaux ?

Les sept droits fondamentaux sont considérés comme des droits personnels c'est-à-dire attachés à la personne du résident. Ils s'imposent dès lors à l'établissement d'accueil et à son personnel.
Qui plus est, certains d'entre eux, reprennent des droits déjà codifiés tel le respect de l'intimité ou encore de la vie privée.
Le non-respect engage la responsabilité civile voire dans certains cas pénale de l'établissement pris comme personne morale, de ses représentants et du personnel incriminé.
Il ne faut pas prendre ces droits au sens littéral et donc restrictif. Le législateur a voulu rappeler un certain nombre d'engagements. Ainsi, le droit à l'intimité est également à rapprocher du droit à disposer d'un espace personnel, d'une surface suffisamment grande même si la chambre est partagée avec un autre résident, d'armoires ou d'un endroit où placer des affaires personnelles (photos, souvenirs ...). Il en est de même pour « l'accès à l'information ». Ce droit couvre à la fois l'obligation pour l'établissement d'accueil d'informer de façon claire et adaptée le résident sur ses droits, les obligations auxquelles il doit s'engager à se soumettre ... mais aussi l'information radio, journaux ou télévisuelle. Il appartient ainsi à l'établissement et à son personnel de prouver qu'il a tout mis en œuvre pour informer le résident. L'équipe d'accueil ne pourrait se réfugier derrière l'état

de santé physique ou mentale du résident et sa responsabilité serait engagée s'il ne pouvait apporter la preuve que le résident a été informé et qu'il a accepté.

Ces droits ne sont donc pas à prendre à la légère pour l'équipe d'accueil d'un établissement qui se retrouve confrontée à une obligation de résultat et une charge de la preuve pesant sur elle.

Imaginons la situation suivante : un résident est accueilli dans un établissement. Il ne peut se déplacer qu'en fauteuil roulant. Il reste donc le plus souvent dans sa chambre et est accompagné lors des repas. L'un de ses petits-enfants, venant le visiter s'insurge : il estime que son grand-père est exclu de toute vie sociale. La preuve, dit-il, son grand-père n'a jamais participé au projet d'accueil et d'accompagnement. Il ne peut non plus se rendre dans la salle de télévision. Il évoque la maltraitance ... Le mot est lâché. Dans ce cas, il est excessif. Par contre l'établissement est en faute dans la mesure où il ne peut prouver qu'il a informé son nouveau pensionnaire sur ses droits à participer au projet d'accueil, et mis en œuvre des initiatives. Quelle sera la sanction ? Dans ce cas, il s'agira d'une simple mise en demeure de la part des services du Procureur de la République. Cependant, si l'établissement a passé une convention avec l'Assurance Maladie, celle-ci pourra intervenir à son tour et mettre en demeure de se conformer à la loi sous peine de retrait de l'agrément.

Les documents ou instances présentés sont-ils obligatoires ?

La présence ou l'absence de ces documents et instances doit être pour les résidents comme pour la famille un critère essentiel de choix.

Mais quels sont les établissements réellement concernés ? En effet, les dénominations et capacités d'accueil sont différentes selon qu'il s'agit d'un EHPAD, d'un EHPA, d'une MARPA, d'une maison de retraite.
S'il ne fait pas de doute que des EHPAD et de façon générale tout établissement ayant signé une convention tripartite avec le département et l'assurance maladie sont concernés, nous conseillons de considérer ces obligations comme s'appliquant à tout établissement accueillant durablement des personnes âgées valides ou dépendantes à l'exception de résidences hôtelières et logements collectifs.
Pour certains de ces documents, une date limite a été fixée par le législateur afin de les rendre obligatoires. C'est ainsi le cas du contrat de séjour qui, depuis le 28 novembre 2004, doit être proposé et signé dans les quinze jours qui suivent l'admission pour un séjour continu ou discontinu de plus de deux mois.
Pour d'autres, tel que le livret d'accueil, ils s'imposent de fait car ils permettent à l'établissement de prouver qu'il a bien respecté l'un des droits fondamentaux de la personne.

Il en va de même pour la charte des droits et libertés de la personne accueillie. Sa mise en œuvre, la publicité faite autour de cette charte, la preuve de la mise en œuvre d'initiatives permet de positionner l'établissement comme agissant pour la bien-traitance.

L'obligation de conventionnement

Cette convention, aussi appelée convention tripartite concerne l'une des deux conventions devant être passées.
Depuis 1999, tous les établissements sont appelés à entrer dans une démarche d'amélioration continue de la qualité. La mise en œuvre de la réforme de la tarification des EHPAD passe pour chaque établissement par l'élaboration et la signature d'une convention tripartite pour 5 ans entre l'établissement, le président du conseil général et l'autorité compétente pour arrêter le tarif de soins (Préfet ou directeur de l'agence régionale de l'hospitalisation).
La convention tripartite formalise les engagements pris par l'institution dans le cadre de la démarche qualité. Cette démarche est guidée par un cahier des charges défini au niveau national (décret du 26 avril 1999).

Ces documents ou instances sont-ils imposés si l'accueil se fait au sein d'une famille ?

Non ! Les obligations de la famille d'accueil sont rappelées dans le code de l'action sociale et des familles (art. L 441-1 à L 443-12). Par ailleurs, les familles d'accueil font l'objet d'un contrôle de la part de la DDASS.
Par contre les droits fondamentaux sont applicables et ici encore, la famille d'accueil doit pouvoir démontrer qu'elle a tout mis en œuvre pour une qualité de vie et de séjour.

Je considère que l'établissement ne respecte pas ses engagements ...

☞ Puis-je intervenir ?

Ces dispositifs incitent les proches de la personne accueillie comme d'ailleurs les résidents à établir un contrôle voire à agir s'ils estiment que les engagements présentés ne sont pas respectés.
Alors, à la question : puis-je intervenir ? La réponse est bien sûr oui ! Que vous soyez résident, proche parent ou même un ami venant visiter une personne, et que vous constatiez que certains engagements ne sont pas respectés, vous pouvez intervenir soit auprès des services de la DDASS ou du conseil général, des services du procureur de la république ou encore saisir la personne qualifiée.

Le fondement de l'action pourra être pénal sur les incriminations présentées dans l'ouvrage, ou civiles en annulation du contrat ou obtention de dommages-intérêts au titre d'une responsabilité civile contractuelle et délictuelle.
Dès lors, il est indispensable pour l'équipe de direction d'un établissement d'accueil d'établir ses propres contrôles et audits internes afin de s'assurer que ses engagements sont bien mis en œuvre par ses équipes.

☞ Le cadre juridique de l'action intentée

Au pénal : l'action intentée peut l'être sur le fondement :

- ✓ de la maltraitance et du non respect des droits fondamentaux de la personne ;
- ✓ du délaissement si la personne ne fait l'objet d'aucun soin, d'aucune assistance, ne peut sortir de sa chambre ou n'a pas la possibilité de se rendre dans une salle commune pour regarder la télévision ;
- ✓ et bien sûr d'agissements frauduleux visant à capter par exemple de l'argent.

Au plan civil, l'action peut être intentée au titre :

- ✓ de la responsabilité civile contractuelle. Dans ce cas, l'action prend appui sur le contrat signé ou présumé signé. Il s'agira ici du contrat de séjour. L'action sera intentée au titre de l'article 1147 du code civil. Il conviendra toutefois de démontrer l'existence d'un dommage (il peut être physique ou moral), un fait générateur imputable à l'autre partie (l'inexécution volontaire d'une obligation par exemple) et un lien direct. On parle alors de causalité entre la faute et le dommage.
- ✓ De la responsabilité civile délictuelle. Le fondement est l'article 1371 et suivant du code civil. Il vise les dommages causés du fait d'un agissement personnel, du fait des choses (un résident se blesse en chutant alors qu'un objet n'a pas été rangé) ou du fait d'autrui. Ce dernier cas vise à la fois les salariés de l'établissement (un employé renverse par accident un bol de lait chaud sur un résident, le brûlant au bras) et les personnes dont l'établissement a la charge (un résident cause un accident).

Dans tous les cas, il sera nécessaire de prouver le dommage, la faute (qui n'est pas nécessairement intentionnelle) et le lien de causalité.
L'action doit être intentée par la personne qui s'estime lésée, soit dans notre cas le résident ou son représentant légal.
Un tiers, fut-il un ayant droit, ne peut intervenir au civil que s'il est lui-même lésé.

Auprès de la Direction des affaires sanitaires et sociales du département :
Le code de l'action sociale et des familles - article L. 331-5 : *Sans préjudice de l'application des dispositions prévues à l'article L. 313-16 si la santé, la sécurité ou le bien-être moral ou physique des personnes hébergées sont menacés ou compromis par les conditions d'installation, d'organisation ou de fonctionnement de l'établissement, le représentant de l'État enjoint aux responsables de celui-ci de remédier aux insuffisances, inconvénients ou abus dans le délai qu'il leur fixe à cet effet. S'il n'a pas été satisfait à l'injonction dans ce délai, le représentant de l'État ordonne la fermeture totale ou partielle, définitive ou provisoire, de l'établissement.*
En cas d'urgence ou lorsque le responsable de l'établissement refuse de se soumettre au contrôle prévu à l'article L. 331-3, le représentant de l'État peut, sans injonction préalable prononcer par arrêté motivé et à titre provisoire une mesure de fermeture immédiate. En cas de décision de fermeture prise par le président du conseil général, le représentant de l'État dans le département exécute cette décision en appliquant, avec le concours de celui-ci, les dispositions prévues à l'article L. 331- 6.

Existe-t-il d'autres obligations ?

Il existe d'autres obligations pesant sur les établissements. Les unes sont liées au droit commun des établissements accueillant du public et portent par exemple sur les règles de sécurité, les autres sont spécifiques aux établissements accueillant des personnes âgées dépendantes. Ainsi, au lendemain de la canicule de 2003 qui fit plusieurs dizaines de milliers de décès parmi les personnes les plus fragiles, une pièce climatisée ou ventilée doit être installée afin de pouvoir accueillir les résidents en journée.

Parmi les obligations des établissements, citons :

☞ Obtention d'une autorisation d'ouverture de l'établissement.

L'autorisation est délivrée après avis du comité régional de l'organisation sociale et médico-sociale (CROSMS). La demande est instruite conjointement par le Préfet (DDASS) et le Président du conseil général. L'autorisation a une durée de validité de quinze ans. Son renouvellement est subordonné aux résultats d'une évaluation externe de l'établissement et d'une nouvelle visite de conformité.
L'absence de décision dans les six mois vaut rejet de la demande.

☞ Obligation pour tout établissement en création

Conclure une convention tripartite avec le Président du conseil général et le Préfet du département. Cette convention répond à un cahier des charges prévu par l'arrêté du 26 avril 1999 relatif à la réforme de la tarification et modifié par l'arrêté du 13 août 2004.

Cette convention ne doit pas être confondue avec celle conclue avec la Caisse d'assurance maladie et les services du conseil général.

☞ Obligation d'établir des contrats de séjour

Tout établissement agréé doit passer avec chacun de ses résidents un contrat de séjour ou établir un document individuel de prise en charge (pour les courts séjours) et ce, en application du décret 2004-1274 du 26 novembre 2004.

☞ Obligation de respecter les normes de sécurité

Chaque maison de retraite est assimilée à un "établissement recevant du public" de type "J" pour le risque incendie. Elle doit donc se conformer aux normes de sécurité afférentes dont l'obligation de tenir un registre incendie. Par ailleurs, cette référence (ERP de type "J") limite le nombre de personnes pouvant être accueillies simultanément en qualité de visiteur. Le calcul reste assez complexe, mais on peut prendre comme référence l'un des critères à savoir 3 visiteurs par personne âgée hébergée présents simultanément.

☞ Obligation de respecter une surface minimale.

S'agissant d'un établissement d'accueil et non d'un hôpital ou unité de soins, la surface doit être de 20 m² dont 18 m² peuvent être occupés par du mobilier (lit, armoire, rangement) et 2 m² doivent permettre la mobilité.

☞ Obligation de produire un livret d'accueil à destination des résidents et de leur famille.

☞ Obligation de tenir un registre des entrées et sorties des résidents.

☞ Obligation d'organiser une procédure de dépôt des objets personnels des résidents lors de leur entrée dans la structure.

Cette obligation appelle une présomption de responsabilité de l'établissement en cas de perte ou de vol de ces objets. Une assurance couvrant ce risque doit donc être souscrite par l'établissement mais en aucun cas, elle ne saurait être refacturée aux résidents.

☞ Obligation d'embauche d'un médecin coordonnateur et d'infirmiers diplômés d'état (IDE).

Ces personnes devant être salariées à temps plein ou temps partiel. Les missions du médecin sont énumérées par le décret n° 2005-560 du 27 mai 2005.

CHARTE DES DROITS ET LIBERTES DE LA PERSONNE ÂGEE DEPENDANTE
Fondation Nationale de Gérontologie

Article 1 – CHOIX DE VIE
Toute personne âgée dépendante garde la liberté de choisir son mode de vie.

Article 2 – DOMICILE ET ENVIRONNEMENT
Le lieu de vie de la personne âgée dépendante, domicile personnel ou établissement, doit être choisi par elle et adapté à ses besoins.

Article 3 – UNE VIE SOCIALE MALGRE LES HANDICAPS
Toute personne âgée dépendante doit conserver la liberté de communiquer, de se déplacer et de participer à la vie de la société.

Article 4 – PRESENCE ET RÔLE DES PROCHES
Le maintien des relations familiales et des réseaux amicaux est indispensable aux personnes âgées dépendantes.

Article 5 – PATRIMOINE ET REVENUS
Toute personne âgée dépendante doit pouvoir garder la maîtrise de son patrimoine et de ses revenus disponibles.

Article 6 – VALORISATION DE L'ACTIVITE
Toute personne âgée dépendante doit être encouragée à conserver des activités.

Article 7 – LIBERTE DE CONSCIENCE ET PRATIQUE RELIGIEUSE
Toute personne âgée dépendante doit pouvoir participer aux activités religieuses ou philosophiques de son choix.

Article 8 – PRESERVER L'AUTONOMIE ET PREVENIR
La prévention de la dépendance est une nécessité pour l'individu qui vieillit.

Article 9 – DROIT AUX SOINS
Toute personne âgée dépendante doit avoir, comme toute autre, l'accès aux soins qui lui sont utiles.

Article 10 – QUALIFICATION DES INTERVENANTS
Les soins que requiert une personne âgée dépendante doivent être dispensés par des intervenants formés, en nombre suffisant.

Article 11 – RESPECT DE LA FIN DE VIE
Soins et assistance doivent être procurés à la personne âgée en fin de vie et à sa famille.

Article 12 – LA RECHERCHE : UNE PRIORITE ET UN DEVOIR
La recherche multidisciplinaire sur le vieillissement et la dépendance est une priorité.
(...)
Le texte complet est repris dans l'article L 311-4 du code de l'action sociale et de la famille. Il est fréquemment repris dans les chartes établies par les établissements.

7 Solidarité familiale : existe-t-il un dispositif permettant d'accompagner un parent âgé ?

Il existe en fait deux dispositifs : l'un consiste en un congé non rémunéré qu'un salarié peut demander à son employeur, l'autre est une allocation versée à toute personne cessant de travailler pour accompagner à domicile un proche en fin de vie. La loi 2010-209 du 2 mars 2010 fixe les modalités.

S'agissant du congé de solidarité familiale, tout salarié peut le demander pour une durée de 3 mois renouvelable une fois. Il faut adresser une demande par lettre recommandée avec accusé de réception à son employeur 15 jours avant la date prévue du congé, en joignant un certificat médical.
S'agissant de l'allocation, elle est versée à un parent (ascendant, descendant, frère, sœur ...) ou personne partageant le domicile du patient par la CPAM dont dépend l'accompagné après validation de la CPAM dont dépend l'accompagné. Son montant serait de 47 € par jour. Les conditions seraient les suivantes :

- Accompagnement au domicile d'un patient en phase avancée ou terminale d'une affection durable ;
- L'allocation devrait être versée par l'Assurance maladie à un salarié ou un fonctionnaire prenant un congé pour solidarité familiale. Le dispositif en faveur des indépendants doit encore être précisé ;
- Le bénéficiaire est un ayant-droit : ascendant, descendant, frère, sœur ... ou encore une personne vivant avec le patient à son domicile ;
- L'allocation est versée pour une durée de 3 semaines ;
- L'allocation n'est versée qu'à un seul aidant, et ce même si plusieurs membres de la famille assistent le patient.

Être aidant familial et se faire rémunérer

Si vous êtes amené à arrêter totalement ou partiellement votre activité pour accompagner un enfant ou un adulte handicapé, l'une des solutions à envisager est celle de « l'aidant familial » et de vous faire salarier pour cette activité.
Ce dispositif vise avant tout à vous donner un statut et vous permettre de continuer à acquérir des droits dont des trimestres cotisés.

Quelles sont les conditions ?

Lorsque votre proche reçoit l'APA, versée aux personnes dépendantes âgées de plus de 60 ans, il peut vous salarier, y compris si vous êtes en congé de soutien familial, sauf si vous êtes son conjoint, son concubin ou son partenaire de Pacs ou encore si vous êtes un obligé alimentaire.

Il bénéficie alors d'une réduction d'impôt égale à 50 % des dépenses engagées retenues dans la limite de 12 000 € (majorés de 1 500 € par enfant ou personne de plus de 65 ans à charge, dans la limite de deux personnes) sans pouvoir dépasser 15 000 €. Mais l'année d'embauche, ces plafonds sont portés à, respectivement, 15000 et 18000 €. Ce plafond est porté à 20 000 € si la personne âgée a besoin de l'assistance d'une tierce personne. Votre rémunération est exonérée des cotisations patronales de Sécurité sociale si la personne aidée perçoit l'APA et, entre autres cas, si elle est âgée de 70 ans et plus, ou si, âgée de plus de 60 ans, elle vit seule et doit recourir à une tierce personne pour les actes de la vie courante.

Si vous assistez une personne handicapée qui reçoit la prestation de compensation du handicap, elle peut vous salarier, à condition que vous ne soyez pas retraité et que vous n'exerciez pas une autre activité à temps plein. Pour cela, rapprochez-vous de la Maison du handicap - MDPH - qui établira un projet de vie de la personne et identifiera ses besoins. Elle évaluera et prendra la décision d'allouer ou non une prestation de compensation. Par ailleurs, si vous êtes le conjoint, le concubin, le partenaire de Pacs, l'enfant, le père ou la mère de la personne handicapée, le salariat n'est possible que si cette dernière est en situation de grande dépendance et a besoin d'une présence constante (Articles L. 245-12 et D. 245-8 du Code de l'action sociale et des familles).

Dans le cadre de la prestation de compensation, la personne handicapée reçoit une aide de 11,57 € par heure rémunérée. Là encore, cette rémunération ouvre droit aux aides fiscales et sociales évoquées plus loin.

La personne aidée disposant des ressources suffisantes peut aussi salarier un aidant, bénéficier d'une réduction d'impôt et, le cas échéant, d'une exonération de charges sociales. L'aidant salarié relève de la convention collective des salariés du particulier employeur.

La prestation de compensation

Le bénéficiaire :

- doit remplir les conditions relatives à la résidence, à l'âge et au handicap ;
- avoir une difficulté absolue pour réaliser un acte essentiel ou une difficulté grave pour réaliser deux des actes essentiels relevant de l'entretien personnel ou des déplacements ;

- ou, faire constater que le temps d'aide nécessaire apporté par un aidant familial pour ces mêmes actes ou au titre d'un besoin de surveillance atteint 45 mn par jour.

L'aide doit porter sur les actes essentiels :

- l'entretien personnel (toilette, alimentation...) ;
- les déplacements (dans le logement, à l'extérieur) ;
- la participation à la vie sociale (loisirs...).

La MDPH renseignera sur les conditions précises.

La surveillance régulière s'entend par le fait de veiller sur une personne handicapée afin d'éviter qu'elle ne s'expose à un danger menaçant son intégrité ou sa sécurité. Cette surveillance doit être effectuée de façon durable ou fréquente. Les personnes concernées sont :

- soit les personnes qui s'exposent à un danger du fait d'une altération substantielle, durable ou définitive d'une ou plusieurs fonctions mentales, cognitives ou psychiques ;
- soit les personnes qui nécessitent à la fois une aide totale pour la plupart des actes essentiels et une présence constante ou quasi constante due à un besoin de soins ou d'aide pour les gestes de la vie quotidienne.

L'aide peut être utilisée pour rémunérer un aidant familial et dans ce cas, les conditions sont celles énoncées ci-dessus, soit pour le dédommager et dans ce cas les exclusions de parenté ne sont plus opposées. Le dédommagement peut être versé au conjoint, partenaire pacsé, concubin, ascendant, descendant ou collatéral jusqu'au 4e degré. Le montant est fixé selon un barème :

- 3,4 euros par heure, soit 50 % du SMIC horaire net ;
- 5,09 euros par heure, soit 75 % du SMIC horaire net dans le cas où l'aidant familial doit cesser ou renoncer totalement ou partiellement à une activité professionnelle.

Dans certains cas, le dédommagement mensuel maximum peut être majoré de 20 %.

Annexe – loi du 2 mars 2010 portant création d'une allocation journalière d'accompagnement d'une personne en fin de vie (extrait)

« Art.L. 168-1.-Une allocation journalière d'accompagnement d'une personne en fin de vie est versée aux personnes qui accompagnent à domicile une personne en phase avancée ou terminale d'une affection grave et incurable, quelle qu'en soit la cause, et qui remplissent les conditions suivantes :
Soit être bénéficiaires du congé de solidarité familiale ou l'avoir transformé en période d'activité à temps partiel comme prévu aux articles L. 3142-16 à L. 3142-21 du code du travail ou du congé prévu au 9° de l'article 34 de la loi n° 84-16 du 1 1 janvier 1984 portant dispositions statutaires relatives à la fonction publique de l'Etat, au 10° de l'article 57 de la loi n°84-53 du 26 janvier 19 84 portant dispositions statutaires relatives à la fonction publique territoriale, au 9°de l'article 41 de la loi n° 86-33 du 9 janvier 1986 portant dispositions statutaires relatives à la fonction publique hospitalière ou à l'article L. 4138-6 du code de la défense ;
Soit avoir suspendu ou réduit leur activité professionnelle et être un ascendant, un descendant, un frère, une sœur, une personne de confiance au sens de l'article L. 1111-6 du code de la santé publique ou partager le même domicile que la personne accompagnée.

Art.L. 168-2. - Les personnes mentionnées aux articles L. 5421-1 à L. 5422-8 du code du travail peuvent bénéficier de l'allocation journalière d'accompagnement d'une personne en fin de vie dans des conditions fixées par décret. (...).

Art.L. 168-4. - Le nombre maximal d'allocations journalières versées est égal à 21. L'allocation est versée pour chaque jour ouvrable ou non. Lorsque la personne accompagnée à domicile doit être hospitalisée, l'allocation continue d'être servie les jours d'hospitalisation.
Le montant de cette allocation est fixé par décret. Lorsque le bénéficiaire a réduit sa quotité de travail et travaille à temps partiel, ce montant et la durée de l'allocation sont modulés dans des conditions prévues par décret.
L'allocation cesse d'être due à compter du jour suivant le décès de la personne accompagnée.
L'allocation peut être versée à plusieurs bénéficiaires, au titre d'un même patient, dans la limite totale maximale fixée au premier alinéa. (...)

Art.L. 168-6. - L'allocation journalière d'accompagnement d'une personne en fin de vie est financée et servie par le régime d'assurance maladie dont relève l'accompagnant, après accord du régime d'assurance maladie dont relève l'accompagné.
Lorsque l'intervention du régime d'assurance maladie se limite aux prestations en nature, l'allocation journalière d'accompagnement d'une personne en fin de vie est financée et servie par l'organisme compétent, en cas de maladie, pour le service des prestations en espèces ou le maintien de tout ou partie de la rémunération.

Art.L. 168-7. - L'allocation journalière d'accompagnement d'une personne en fin de vie n'est pas cumulable avec :
- L'indemnisation des congés de maternité, de paternité ou d'adoption ;
- L'indemnité d'interruption d'activité ou l'allocation de remplacement pour maternité ou paternité, prévues aux articles L. 613-19 à L. 613-19-2 et L. 722-8 à L. 722-8-3 du présent code, aux articles L. 732-10 à L. 732-12-1 du code rural et à l'article 17 de la loi n°97-1051 du 18 novembre 1997 d'orientation sur la pêche maritime et les cultures marines ;
- L'indemnisation des congés de maladie ou d'accident du travail ;
- Les indemnités servies aux demandeurs d'emploi ;
- L'allocation parentale d'éducation ou le complément de libre choix d'activité de la prestation d'accueil du jeune enfant.

Toutefois, l'allocation journalière d'accompagnement d'une personne en fin de vie est cumulable en cours de droit avec l'indemnisation mentionnée au 3° perçue au titre de l'activité exercée à temps partiel.

3 Questions/ réponses – les droits des seniors

1 Le droit des successions

Nous n'aborderons cette question qu'au travers de questions pratiques. Cependant, nous souhaitons attirer votre attention sur le caractère complexe du droit des successions. Ne vous contentez pas de lire des forums, de prendre pour "argent comptant" ce qui est décrit sur des serveurs internet et dans lesquels vous n'êtes jamais sûr de l'exactitude ou actualité des affirmations posées.
En matière de succession, ayez un seul réflexe : votre notaire. C'est votre meilleur conseil et celui qui saura protéger vos droits.
Le mot "votre" est volontaire. Choisissez-le ! Prenez la peine de le rencontrer périodiquement.
Enfin et surtout, ne réduisez pas la question de la succession à : "comment éviter de payer des droits ?".

Je n'ai pas fait de testament, qui hérite de mes biens [14]?

Le code civil instaure un ordre de transmission de vos biens (dévolution) par **ordre** des héritiers et par **degré de parenté**. Ce qui signifie qu'on vérifie s'il existe des héritiers dans le 1er ordre avant de passer au 2e ordre et ainsi de suite.
Dans chaque ordre la succession est dévolue au degré de parenté le plus proche, et à degré égal, la répartition se fait généralement par tête (par personne).

Pour être plus concret, si vous n'avez plus qu'un arrière-petit-fils, la succession lui sera dévolue même si vous avez un frère. Votre arrière-petit-fils est un descendant (1e ordre) au 3e degré de parenté, et votre frère est un collatéral privilégié (2e ordre) au 2e degré de parenté.

☞ ***Qu'est-ce qu'un ordre successoral ?***

Il s'agit d'un groupe de personnes pouvant être appelées à se porter héritiers d'une autre.
Ce groupe est déterminé en fonction des **liens familiaux** avec le défunt. Il existe 5 ordres de successibles, chaque ordre exclut les personnes figurant dans l'ordre suivant.

☞ ***Quel est l'ordre des successibles ?***

---

[14] C'est la **succession légale** ou **ab intestat** (sans testament)

1er ordre	**descendants** (degré de parenté) : ➢ 1e degré : enfants, ➢ 2e degré : petits-enfants, ➢ 3e degré : arrières-petits enfants
2e ordre	**ascendants privilégiés** ➢ 1e degré : les pères et mères **collatéraux privilégiés** ➢ 2e degré : les frères et sœurs, et leurs descendants, ➢ 3e degré : neveux, nièces ➢ 4e degré : petits-neveux, petites nièces.
3e ordre	**ascendants** ➢ 2e degré : grands-parents, ➢ 3e degré : arrière-grands-parents
4e ordre	**collatéraux ordinaires :** tous les autres **parents jusqu'au 6e degré** dans chaque branche ➢ 3e degré : oncles et tantes, ➢ 4e degré : cousins germains, ➢ 5e degré : grands-oncles, grands-tantes...
5e ordre	**L'état**

☞ ***A quoi servent les degrés de parenté ?***

Ils servent à déterminer si une personne peut être appelée à la succession d'une autre. A moins que le défunt soit un mineur de -16 ans ou un incapable, la dévolution (transmission) s'arrête au 6e degré de parenté.
En ce qui concerne les incapables, il est possible de leur succéder jusqu'au 12e degré.

☞ ***Comment calculer les degrés de parenté ?***

En **ligne directe** (ascendants - descendants) : le degré se calcule en comptant le nombre de générations séparant le défunt de la personne appelée à sa succession. Ainsi entre un père et un fils il y a 1 degré, entre un grand-père et son petit-fils 2 degrés et ainsi de suite.
En **ligne collatérale**, il faut compter le nombre de personnes séparant le défunt de la personne en remontant à l'ascendant commun. Ainsi un frère et une sœur sont séparés par 2 degrés. Un oncle et son neveu sont séparés par 3 degrés. Des cousins germains sont séparés par 4 degrés

☞ ***Qu'est-ce qu'une ligne ou une branche ?***

Il s'agit de tous les membres de votre famille reliés à vous par un de vos parents, c'est pourquoi on parle de ligne ou **branche paternelle** ou **maternelle**.

☞ ***Qu'est-ce que la fente ?***

La **fente** est un mécanisme juridique qui permet de répartir la succession en deux parties entre les lignes paternelle et maternelle.
La fente s'effectue toujours dans les 3e ordre (ascendants) et 4e ordre (collatéraux).

La moitié de la succession est alors dévolue (transmise) à la branche maternelle et l'autre moitié à la branche paternelle. Les frères germains prennent part au partage dans les deux branches.

Si je meurs avant mes parents, mes enfants seront-ils appelés à leurs successions ?

Soit vous êtes enfant unique, et vos enfants seront appelés à la succession en qualité de descendants au degré de parenté le plus proche.

Soit vous avez des frères et sœurs et vos enfants seront appelés à la succession en même temps que leurs oncles et tantes par **représentation**.

Vos enfants vont donc gagner un degré et prendre votre place dans la succession de vos parents. Ils ne pourront cependant recevoir que ce que vous auriez vous-même reçu.
Ainsi si vous avez 2 enfants et que vous avez un frère : vos enfants recevront donc 1/4 chacun dans la succession de vos parents, c'est à dire votre part (la moitié) divisée par le nombre de vos enfants et votre frère recevra l'autre moitié.
La représentation n'existe que dans le 1er et le 2eme ordre car elle a pour unique vocation de restaurer l'ordre normal des décès quand l'application des règles du code civil créerait de choquantes inégalités.

Et si mon frère et moi décédons avant un de nos parents, comment se répartira sa succession ?

Là encore, tout va dépendre si vous avez laissé ou non des descendants. Si tel est le cas la succession de vos parents se fera par **souche** et non par tête, afin de recréer ce qui se serait passé dans vos patrimoines respectifs si l'ordre normal des décès avait été respecté.

Par exemple vous avez eu deux enfants et votre frère un seul. Vos enfants se répartiront la part qui aurait dû vous revenir (la moitié) soit le quart pour chacun et l'enfant de votre frère prendra la part qui lui serait revenu dans la succession de vos parents, soit l'autre moitié.

Je n'ai pas d'enfant, qui hérite de mes biens ?

Il convient de distinguer selon que vous laissez ou non un conjoint survivant.

☞ **En présence d'un conjoint survivant**

Le conjoint survivant recevra la moitié de la succession et chacun des ascendants privilégiés (père et mère) a vocation à recueillir le quart de votre succession en pleine propriété.
Ainsi, si vous laissez vos père et mère, chacun d'entre eux recueillera 1/4 et votre conjoint recueillera la 1/2 de votre succession en pleine propriété.
Si vous ne laissez qu'un seul ascendant privilégié, ce dernier recueillera un 1/4 de votre succession et votre conjoint en recueillera les 3/4.

En l'absence d'ascendants privilégiés, votre conjoint survivant héritera de la totalité de la succession.
Les collatéraux privilégiés (vos frères et sœurs ou leurs descendants) bénéficieront seulement d'un **droit de retour légal** sur **la moitié** des "biens de famille" (ceux que vous avez reçu de vos ascendants décédés, par succession ou donation, et qui se retrouvent en nature dans la succession), l'autre moitié revenant à votre conjoint survivant.
Toutefois, vos ascendants autres que vos père et mère, qui seraient dans le besoin pourront réclamer une créance d'aliments contre la succession. (La demande devra être faite dans un délai d'un an soit à compter de votre décès, soit après, dès lors que vos héritiers ne leur verseraient plus de prestations).

☞ **En l'absence de conjoint survivant**

Les **ascendants et collatéraux privilégiés (2e ordre)** sont alors appelés à la succession.

Voici un tableau rappelant les règles de répartition.

chacun de vos parents hérite ... ... et vos frères et sœurs ou leur descendant	☞ d'1/4 de vos biens ☞ se partageront l'autre moitié de votre patrimoine.
S'il ne vous reste qu'un seul parent	☞ ce dernier recevra 1/4 et les collatéraux privilégiés 3/4

En l'absence d'ascendants privilégiés, vos frères et sœurs (ou leurs descendants)	☞ recueilleront la totalité de votre patrimoine.
Vos père et mère pourront exercer un **droit de retour légal**	☞ à hauteur d'1/4 de votre patrimoine chacun, sur les biens qu'ils vous avaient transmis par donation. La valeur des biens soumis au droit de retour s'imputera alors en priorité sur leurs droits successoraux.
Si vous n'avez pas de frères et sœurs ni de neveux ou nièces	☞ la succession sera partagée **par branche**, soit une moitié pour la ligne maternelle et l'autre moitié pour la ligne paternelle, à raison. Seront d'abord appelés les **ascendants privilégiés et/ou ordinaires (3e ordre)**, et à défaut, les **collatéraux ordinaires (4e ordre)**.

Dans chaque branche le degré de parenté le plus proche hérite. Imaginons la situation suivante : des cousins au 4e degré sont présents dans la ligne paternelle, alors qu'un seul cousin au 6e degré est présent dans la branche maternelle. Chaque branche recueille la moitié du patrimoine du défunt et les héritiers au degré le plus proche se répartissent les biens par tête.

Quels seront les droits de mon conjoint ?

La situation du conjoint survivant s'est améliorée depuis la loi du 1er juillet 2002. Cependant, nous ne saurions que trop conseiller de veiller aux intérêts réciproques des conjoints afin de leur garantir une qualité de vie. Plusieurs dispositifs existent dont la donation entre époux. Mais vous pouvez également modifier votre régime matrimonial afin d'opter pour un régime communautaire.

Ayants droit à la succession *si ces personnes sont appelées à la succession*	*Depuis le 1er juillet 2002 et le 1er janvier 2007* **le conjoint survivant reçoit** :
des descendants (enfants, petits enfants)	1/4 en Pleine **Propriété** ou **100%** en **Usufruit**
Un enfant issu d'une autre union	**1/4** en **Pleine Propriété**
Père **ET** mère	**1/2** en **Pleine Propriété**
Père **OU** mère	**3/4** en **Pleine Propriété**

Frères et sœurs (et leurs descendants)	**100%** en **Pleine Propriété**
Ascendants ordinaires dans les deux branches	**100%** en **Pleine Propriété**
Ascendants ordinaires dans une seule branche	**100%** en **Pleine Propriété**
Collatéraux ordinaires (oncles, cousins éloignés)	**100%** en **Pleine Propriété**

Si vous êtes marié sous **le régime légal** dit de la **communauté réduite aux acquêts**, ou sous un autre régime communautaire, l'application des règles des régimes matrimoniaux réserve une partie du patrimoine commun à votre conjoint. (La moitié en régime de communauté légale).
Il reçoit alors la moitié du patrimoine commun plus un quart ou la moitié de vos biens en usufruit.

Mais, si vous êtes mariés sous **un régime de séparation de biens** ou de **participation aux acquêts** votre conjoint n'aura que les droits mentionnés dans le tableau ci-dessus.

Attention ! Quand vous procédez à des donations ou à des libéralités par testament, vous devez savoir que l'usufruit dont votre conjoint peut disposer, ne peut s'exercer sur ces biens. Ce qui signifie que si votre patrimoine vaut 100 au jour de votre décès l'usufruit de votre conjoint s'exerce théoriquement sur 25. Mais si vous avez légué un bien qui vaut 50 et un bien qui vaut 40 son usufruit ne pourra s'exercer en réalité que sur ce qui reste, soit : 100 -(50+40) = 10

Comment puis-je protéger mon conjoint ?

Vous pouvez procéder à une donation entre époux ou encore changer votre régime matrimonial et opter pour le régime de la communauté, plus favorable que le régime légal dit de la « communauté réduite aux acquêts ». Il existe enfin en sa faveur une **quotité disponible « spéciale entre époux »** qui vous permet de lui laisser plus que ce que vous ne pourriez faire pour un tiers.

En présence de descendants vivants ou représentés (héritiers réservataires), vous pouvez laisser à votre conjoint, selon votre choix ou au choix de votre conjoint survivant :

- Soit la pleine propriété de la quotité disponible « ordinaire ».
- Soit 1/4 en pleine propriété + 3/4 en usufruit.

- Soit la totalité de vos biens en usufruit.

> Usufruit : il s'agit de la capacité à utiliser (on dit aussi de jouir d'un bien) un bien, donc par exemple d'y habiter s'il s'agit d'une maison, ou d'en récolter les fruits (les loyers s'il s'agit d'une maison que l'on loue).
> La nue-propriété donne le droit de disposer du bien sans troubler la jouissance de l'usufruitier. Le nu-propriétaire peut donc vendre le bien, mais qui sera toujours habité (dans notre exemple) par l'usufruitier.

☞ Le changement de régime matrimonial

Cette démarche sera réalisée devant un notaire. Vous pourrez alors opter pour le régime de la communauté universelle avec clause d'attribution intégrale au conjoint survivant.
Le conjoint entre alors en possession des biens du couple sans acquitter de droits de succession.
Dans le régime de la communauté universelle, tous les biens présents et à venir, possédés par les époux sont mis en commun, quelle que soit la date d'acquisition : avant ou durant le mariage, leur origine : achat, donation, héritage ... ou leur mode de financement. Seuls les biens propres par nature définis par l'article 1404 du code civil restent la propriété personnelle du conjoint. Il s'agit de vêtements et effets personnels, de dommages-intérêts ou indemnités alloués à la suite d'un préjudice personnel, moral ou physique.
La conséquence est que chaque conjoint est responsable des dettes de l'autre et ce, sur l'ensemble du patrimoine.
La clause d'attribution intégrale au conjoint survivant permet à ce dernier de recueillir l'intégralité de la communauté sans que des droits de succession soient à payer. Les enfants, ordinairement héritiers réservataires, ne pourront faire valoir leur droit et donc ne pourront engager une procédure de réduction.
Cette règle connaît une exception. En présence d'enfants nés d'un premier mariage, ces derniers peuvent s'opposer à ce que les biens possédés par leur père ou mère tombent dans la communauté. Ils peuvent ensuite demander leur part minimale d'héritage sur les biens constitués pendant le premier mariage.
Ce choix va donc désavantager les enfants du couple au profit du conjoint survivant.

☞ L'assurance-vie

Il s'agit d'un outil efficace dès lors que l'on souhaite préparer sa succession et favoriser une personne.
Prenons le cas d'un couple non marié. Lui, M. V., souhaite laisser un capital à sa compagne : 200.000 €. Comme ils ne sont pas mariés, les droits de

succession vont être élevés. Après un abattement de 1564 €, ils seront de 60 %. Mme Y., sa compagne devra donc s'acquitter de la somme de 119.062 € avant de pouvoir entrer en possession de la somme.
L'assurance-vie quant à elle, dispose d'un régime fiscal plus avantageux. La taxation sera de 9.500 € et Mme Y percevrait dans ce cas 190.500 €.

L'assurance vie peut bénéficier au conjoint, partenaire marié ou non, partenaire pacsé, et de façon générale à toute personne choisie par l'assuré. Elle n'entre pas dans la succession de l'assuré décédé. Elle n'est donc pas soumise aux règles de la réserve dès lors que les primes ne sont pas manifestement exagérées.

Les nouveautés apportées par la loi du 1er juillet 2002 en faveur du conjoint survivant

Depuis le 1er juillet 2002 :

- **le conjoint survivant** dispose du droit à la jouissance gratuite, durant 1 an, du logement occupé à titre de résidence principale, ainsi que des meubles qui le garnissent. Si le logement est loué la succession devra rembourser au conjoint survivant les loyers payés.

- Il peut demander à bénéficier de droits *viagers* d'habitation et d'usage sur le logement principal et sur ses meubles. Cette rente viagère s'impute sur la valeur des droits successoraux recueillis par le conjoint.

- le **conjoint survivant** passe avant les frères et sœurs.

- Le **conjoint survivant** dans le besoin dispose d'un droit à pension alimentaire, supporté par tous les héritiers (pension non soumise aux droits de succession).

Existe-t-il une différence entre la filiation légitime et la filiation naturelle ?

Jusque dans les années 1970, le code civil distinguait entre les enfants naturels c'est-à-dire nés sans que les parents soient mariés, les enfants adultérins c'est-à-dire les enfants nés d'une liaison hors mariage (le père ou la mère est marié mais l'enfant est conçu avec une autre personne) et les enfants légitimes c'est-à-dire nés durant le mariage. Depuis 1972 il n'existe plus aucune différence entre les filiations légitimes, adoptives ou les filiations naturelles, en ce qui concerne les vocations successorales et ce, que l'enfant soit né avant ou après cette date. Enfin, depuis la loi du 3 décembre 2001, la loi ne distingue plus entre les enfants légitimes et les enfants **adultérins**. Les enfants adultérins sont dotés des mêmes droits que les enfants légitimes.

Quelles sont les conséquences de l'acceptation d'une succession ?

L'**acceptation** d'une succession, si elle est **pure et simple**, emporte la confusion de votre patrimoine avec celui du défunt. Ce qui signifie que votre actif s'accroît de l'actif successoral, mais également que votre passif est augmenté du passif du défunt. Vous êtes donc **indéfiniment tenu des dettes** du défunt sur votre propre patrimoine, même si les dettes excèdent l'actif successoral.

L'option doit être exercée dans les 4 mois qui suivent l'ouverture de la succession. Si vous avez accepté une succession, vous ne pouvez plus y renoncer par la suite. Vous devez donc être très vigilant avant de faire un **acte d'héritier** sur le patrimoine du défunt. En effet, ce type d'acte implique une acceptation *tacite* de la succession.

Attention ! Sont considérés comme des actes d'héritier c'est-à-dire qu'ils présument votre acceptation de la succession :
- ✓ la vente d'objets appartenant à l'actif successoral,
- ✓ donner congé à un locataire,
- ✓ prendre possession des biens successoraux.

Est-on obligé d'accepter une succession ?

Non bien sûr ! Vous avez plusieurs solutions à votre disposition :

☞ La renonciation

En contrepartie de l'obligation indéfinie aux dettes du défunt, le code civil vous laisse toujours la possibilité de renoncer à une succession (vous ne recevrez rien et vous ne devrez rien payer). Pour cela vous devez faire une *déclaration au greffe du Tribunal de Grande Instance* du lieu d'ouverture de la succession (lieu du dernier domicile du défunt) dans les 4 mois du décès.

Il est toujours possible de revenir sur une renonciation, si personne d'autre n'a accepté la succession entre temps et que la prescription de l'option n'est pas acquise (10 ans à compter de l'ouverture de la succession depuis 1er janvier 2007).

☞ L'acceptation à concurrence de l'actif net (son ancienne appellation était : « sous bénéfice d'inventaire »)

Vous pouvez également accepter à concurrence de l'actif net, si vous avez des doutes sur l'étendue des dettes du défunt. Vous acceptez alors la

succession, mais vous ne serez tenu des dettes du défunt que dans la **limite de l'actif successoral**.
Vous devez faire une déclaration en ce sens au greffe du Tribunal de Grande Instance du lieu d'ouverture de la succession dans le délai de 4 mois à compter de l'ouverture de la succession. Vous aurez alors 2 mois à compter de cette déclaration pour déposer au Tribunal l'inventaire de la succession. Vous pouvez solliciter du juge un délai supplémentaire s'il est justifié par un motif sérieux et légitime.
L'inventaire est établi par un commissaire-priseur, un huissier ou un notaire. Il est déposé au greffe du tribunal dans un délai de 2 mois à compter de la déclaration.

L'inventaire est enregistré et publié.
Les créanciers successoraux et légataires de sommes d'argent peuvent consulter l'inventaire et en obtenir une copie.

En tout état de cause, avant l'expiration du délai de 4 mois à compter de l'ouverture de la succession, nul ne peut vous contraindre à prendre parti.
Toutefois, comme toute acceptation, l'acceptation à concurrence de l'actif net (que l'on appelait « sous bénéfice d'inventaire ») est irrévocable. Vous ne pouvez plus renoncer à la succession, mais vous pouvez abandonner les actifs aux créanciers de la succession.
En revanche, vous pouvez renoncer au bénéfice d'inventaire et accepter purement et simplement la succession.
L'acceptation bénéficiaire, si elle vous protège des mauvaises surprises, est assez contraignante, elle suppose de nombreuses formalités, et vous devez veiller à ne pas vous approprier des actifs successoraux sous peine d'être *déchu de votre bénéfice d'inventaire*.

Attention ! Si l'héritier ne dépose pas l'inventaire dans le délai prévu, il est réputé accepter purement et simplement la succession

L'acceptation à concurrence de l'actif net donne à l'héritier l'avantage :

- d'éviter la confusion de ses biens personnels avec ceux de la succession ;
- de conserver contre celle-ci tous les droits qu'il avait antérieurement sur les biens du défunt ;
- de n'être tenu au paiement des dettes de la succession que jusqu'à concurrence de la valeur des biens qu'il a recueillis.

Il revient à l'héritier de régler le passif de la succession, de payer les créanciers et d'administrer les biens qu'il recueille dans la succession.
Les créanciers de la succession doivent déclarer leurs créances au domicile de l'héritier, dans un délai de 15 mois à compter du jour où la déclaration d'acceptation à concurrence de l'actif net a été publiée.

L'héritier peut décider de vendre ou de conserver les biens de la succession. La décision de vendre ou de conserver un bien doit faire l'objet d'une déclaration au greffe du tribunal pour être publiée.
Lorsque l'héritier décide de conserver un bien, il doit payer aux créanciers qui se sont déclarés la valeur du bien fixée dans l'inventaire.
Lorsqu'il décide de vendre un bien, il doit redistribuer le prix de la vente aux créanciers déclarés. Si la vente n'est pas réalisée au prix réel, les créanciers peuvent demander au juge de le constater. Si la demande est acceptée, l'hériter est tenu du complément du prix sur ses biens personnels.
Lorsque tout le passif de la succession a été réglé ou lorsque tout l'actif a été conservé ou aliéné, l'héritier dépose au greffe du tribunal un compte de clôture qui marque la fin de la procédure.

☞ L'acceptation

L'héritier qui accepte "purement et simplement" peut librement disposer des biens successoraux.
Mais il doit personnellement répondre sans limitation de toutes les dettes du défunt et de toutes les charges de la succession.
Il n'est tenu des legs de sommes d'argent qu'à concurrence de l'actif successoral net des dettes.
Il ne peut plus renoncer à la succession ni l'accepter à concurrence de l'actif net.
Mais, il peut demander à être déchargé en tout ou partie de son obligation à une dette successorale qu'il avait des motifs légitimes d'ignorer au moment de l'acceptation, si le paiement de cette dette porte gravement atteinte à son patrimoine personnel.
Il doit alors introduire l'action dans les 5 mois à compter du jour où il a eu connaissance de l'existence et de l'importance de la dette.

Attention : l'acceptation est présumée dès lors que l'héritier fait « acte d'héritier » c'est-à-dire qu'il administre tout ou partie de l'héritage, vend un bien ou en prend possession par exemple pour y habiter.

Qui sont les héritiers réservataires ?

Les héritiers réservataires sont les **descendants** et **à défaut, le conjoint survivant**. Il s'agit des personnes que vous ne pouvez pas déshériter. Une fraction de votre patrimoine, leur est réservée par la loi : la **Réserve**. Toute disposition contraire sera annulée. La réserve doit être transmise libre de toute charge.

La réserve des descendants est déterminée par le code civil en fonction du nombre de descendants vivants au jour du décès ou ayant laissé des descendants.

Nombre d'enfants	Réserve	Quotité disponible 'ordinaire'
1 enfant	1/2	1/2
2 enfants	2/3 (soit 1/3 par enfant)	1/3
3 enfants	3/4 (soit 1/4 par enfant)	1/4
Au delà de 3 enfants	3/4 (divisé par le nombre d'enfants)	1/4

La quotité disponible

La quotité disponible (**QD**) est la fraction de votre patrimoine que vous pouvez attribuer à la personne de votre choix.

Il existe par ailleurs une **quotité disponible « spéciale entre époux** » : elle constitue le maximum de ce que le conjoint survivant peut recevoir en présence de descendants (elle s'impute sur sa part successorale).
L'application de cette quotité spéciale entre époux aboutit généralement à amputer la réserve des descendants en la grevant d'un usufruit qui ne s'éteint qu'au décès du conjoint survivant.

Depuis le 1er janvier 2008 les ascendants ne sont plus des héritiers réservataires.

Donation ou testament, j'hésite !

Il existe en réalité plusieurs façons de transmettre son patrimoine. Nous citions la création d'une SCI, solution très pratique si vous souhaitez qu'une maison de famille reste dans le giron familial. Il y a aussi les donations, le testament, la souscription d'assurance-vie pour le compte d'une personne.
Voici quelques règles.

☞ **Le testament** est un acte unilatéral par lequel vous prévoyez la répartition de vos biens. L'avantage du testament est que vous ne vous dépouillez pas de votre vivant et qu'il est toujours révocable. Toutefois, si les **legs** prévus par votre testament excèdent la quotité disponible, ils seront réduits.

☞ **La donation** est un contrat par lequel le donateur se dépouille de son vivant, à titre définitif, d'un bien au profit d'une personne de son choix. Toute donation est irrévocable dès lors qu'elle est acceptée par le donataire. Les donations simples faites à un héritier sont soumises au **rapport successoral** c'est-à-dire qu'elles sont réunies fictivement à la succession et réévaluées au jour du partage. Seuls les cohéritiers y sont tenus et peuvent l'exiger. Si après reconstitution de la masse successorale, les donations portent atteinte à la réserve elles sont soumises à la réduction.

☞ La **donation-partage** (ou *partage d'ascendant*) est un acte par lequel une personne répartit ses biens de son vivant.
La donation-partage est un outil de transmission assez souple dans la composition des lots et leur répartition. Par exemple :

- Elle peut procéder à un partage inégal entre les bénéficiaires.
- Elle peut ne concerner que certains enfants et en exclure d'autres.
- Elle peut donner lieu au versement de compensations financières entre les bénéficiaires (« soultes ») pour rétablir la valeur des lots selon la volonté du donateur.
- Elle peut porter sur une masse de biens appartenant aux deux époux (donation-partage « conjonctive »).
- Si l'un des époux vient de décéder, elle peut porter sur la succession du défunt et sur tout ou partie du patrimoine du survivant (donation « cumulative »).
- Elle peut stipuler une réserve d'usufruit sur tout ou partie des biens ainsi transmis.
- Elle peut enfin incorporer des donations antérieures, avec l'accord du bénéficiaire.

La donation-partage vous permet **d'anticiper une succession** en organisant la transmission partielle ou totale du patrimoine.
Lors du décès du donateur, la succession ne portera que sur les biens laissés au jour du décès qui n'étaient pas compris dans la donation-partage.
Vous pouvez ainsi effectuer, de votre vivant, le **partage** de vos biens entre vos enfants ou vos petits-enfants.

Les abattements et réductions dont vous pouvez bénéficier dans le cadre d'une donation « simple » s'appliquent également pour la donation-partage.
Les abattements de 156 359 € par enfant, de 31 272 € par petit-enfant, de 5.212 € par arrière-petit-enfant, de 15 636 € par frère ou sœur, 7 818 € par neveu ou nièce, applicables tous les 6 ans ainsi que les réductions (pour charges de famille, pour donation en pleine propriété, d'usufruit ou de nue-propriété) vous permettent de diminuer les droits à payer lors de la donation-partage.
Si vous avez déjà utilisé les abattements et réductions lors d'une donation simple moins de 6 ans auparavant, ils ne sont plus disponibles pour la donation-partage.
Vous pouvez en profiter à nouveau dans le cadre de la donation-partage si la donation " simple " a plus de 6 ans.

Le barème de calcul des droits est identique à celui des donations simples.
Il faut distinguer deux situations :

- Celle dans laquelle tous les héritiers sont appelés à participer à cette donation, et celle dans laquelle seuls certains d'entre eux participent. **Si la donation-partage réunit tous les enfants,** qu'ils reçoivent chacun un lot et que les parents ne gardent pas l'usufruit sur une somme d'argent, il ne sera pas nécessaire de réévaluer les biens donnés au décès des donateurs, quelle que soit la valeur qu'ils peuvent prendre ou perdre d'ici là.

- Ce n'est pas le cas des autres donations : si un parent donne à un seul de ses enfants ou, même, transmet à chacun d'entre eux des biens par des donations différentes, il faudra alors refaire les comptes lors de sa succession. Et, ce jour-là, pour déterminer la part d'héritage de chaque enfant, le notaire ne pourra pas se référer seulement à ce que valaient les biens au moment où ils ont été donnés. Il devra tenir compte de ce qu'ils valent au jour du décès.
  Ainsi dans le cas où l'un des enfants a fait des travaux importants dans une maison reçue en donation, la valeur sera celle du jour de la donation.

N'oubliez pas que si la donation porte sur des biens immobiliers (maisons, appartements, terrains), vous devrez également acquitter la taxe de publicité foncière de 0,6 %, la taxe budgétaire additionnelle de 0,10 % et le prélèvement de 2,5 %, lors de la publication de l'acte de donation à la conservation des hypothèques.
Rapprochez-vous de votre centre des impôts et renseignez-vous sur le site www.impots.gouv.fr.

Enfin, ne rendez pas votre succession difficile dans le sens où une ou plusieurs personnes se pensant flouées décideraient d'agir en justice contre les bénéficiaires des donations. Faites-vous conseiller par un notaire.

Dans le cadre d'une donation-partage, il vous appartient de **composer les lots** (allotir) revenant à vos héritiers. Vous pouvez, soit composer des lots égaux, soit avantager l'un de vos enfants tout en veillant à ne pas entamer la part des réservataires. Les donations que vous avez déjà faites à vos enfants peuvent être incorporées à la donation-partage y compris les dons manuels.
L'avantage est double : assurer l'égalité entre vos enfants et faire en sorte que les donations consenties ne soient pas réévaluées à votre décès.

☞ Donner en avance sur l'héritage

La **donation en avancement de part successorale** (*anciennement en avancement d'hoirie*) est une donation en avance sur ce que l'héritier recevra au décès du donataire. Elle s'imputera sur sa part de **réserve**.
Elle est **rapportable** à la succession. C'est à dire qu'*au* jour du décès du

donataire elle est réévaluée et réintégrée fictivement à l'actif successoral. Elle ne constitue donc qu'une avance sur l'héritage.

☞ **Donner pour avantager**

La **donation hors part successorale** (*anciennement donation préciputaire*) est faite pour avantager un héritier ou un tiers.
Ainsi, si cette donation est faite à un héritier, ce dernier la reçoit en plus de sa part de réserve, il s'agit donc d'un moyen d'avantager cet héritier.
Elle s'impute sur la **quotité disponible**, si elle la dépasse, elle sera réduite. Le bénéficiaire de la donation devra donc, soit en restituer une partie, soit indemniser les héritiers. Pour savoir si elle dépasse la quotité disponible, la donation est **réévaluée** au jour du décès, selon l'état du bien donné au jour de la donation.
Le principal problème posé par **les donations**, tant en ce qui concerne le calcul du rapport que celui de la réduction, c'est qu'elles sont **réévaluées au jour du décès** et non au jour de la donation. Attention également à la tentation de la part d'un héritier réservataire ayant reçu une donation de la dissimuler au jour de l'ouverture de la succession. Il s'agit d'un délit fortement sanctionné et l'une des principales sources de contentieux lors de la succession.

Qu'appelle-t-on : réduire une libéralité ?

Comme vous le savez, en présence d'héritiers réservataires, la succession doit respecter « la réserve ». Si une partie estime que des legs ou libéralités ont réduit cette réserve c'est-à-dire porté atteinte à ses droits, elle peut demander la réduction d'une libéralité (dons) ou des legs.

Comment procède-t-on ? Les **legs** (mentionnés dans un testament) sont réduits par priorité puis les **donations** en partant de la plus récente pour remonter à la plus ancienne jusqu'à ce que la réserve soit reconstituée. La réduction des legs s'opère au marc le franc, c'est-à-dire proportionnellement à moins que le testateur en ait décidé autrement.

L'action en réduction peut être exercée par les héritiers réservataires ayant accepté la succession exclusivement (ou ayants cause universels) et ne renonçant pas à leur part de réserve (voir pacte successoral), pendant 30 ans à compter du décès. Pour les successions ouvertes à compter du 1er janvier 2007 le délai est réduit à 5 ans (10 ans lorsque l'héritier n'a pas eu connaissance de l'atteinte portée à sa réserve, dans les 2 ans à compter du jour où il en prend connaissance).

Quels sont les différents types de testament et suis-je obligé de recourir à un notaire ?

Il existe plusieurs formes de testament :

- Le testament authentique ;
- Le testament mythique ;
- Le testament olographe.

Toutefois à ces formes de testament, s'ajoutent des conditions propres au droit des successions, ainsi :

☞ si vous optez pour une **donation** ou pour un **testament authentique**

La donation, pour être valable, doit être passée par un acte authentique, c'est-à-dire devant notaire. Le testament authentique est recueilli par deux notaires, ou un notaire et deux témoins.

☞ **Le testament mystique**

Le testament mystique, rarement utilisé, présente l'avantage de rester secret. Le client le remet à son notaire dans une enveloppe fermée, en présence de deux témoins. Seul le client connaît son contenu. Toutefois, le notaire ne peut pas vérifier son efficacité juridique. C'est l'inconvénient majeur de cette forme de testament. Le document doit être clos cacheté et scellé et le testateur indiquera que le contenu de ce papier est son testament. Il doit préciser le mode d'écriture employé et le notaire en dresse un procès verbal, qui est signé par le notaire, le testateur et les témoins.

☞ **Le testament olographe**

Il n'est pas rédigé devant notaire ni remis à ce dernier. Pour être valable, le testament olographe doit être entièrement rédigé, daté et signé de la main du testateur. La date doit être exacte et comporter le jour, le mois et l'année.

Pour ne pas entacher le testament, n'utilisez pas de machine à écrire ou d'ordinateur, car alors le testament pourrait être annulé en cas de recours par un ayant droit auprès du Tribunal de Grande Instance pour non-respect des conditions de validité impératives prévues par le code civil. (art 970).

Que va-t-il se passer lors de l'ouverture de ma succession ?

Les bénéficiaires de votre succession vont devoir respecter un certain nombre d'étapes. Attention de ce fait à ce que l'un des héritiers n'agisse pas trop vite en prenant possession d'un bien ou en le vendant. Il pourrait être mis en cause au titre du recel successoral.

☞ **Attention au recel successoral !**

Constitue un recel successoral tout acte par lequel un ou plusieurs cohéritiers tentent de s'approprier une part supérieure sur la succession à celle à laquelle ils ont droit dans la succession du défunt.

L'élément matériel du recel peut consister par exemple :

- dans la soustraction de tel ou tel bien appartenant à la succession ;
- dans la non révélation lors d'un inventaire de l'existence de biens successoraux que l'on détient ;
- dans la dissimulation d'un héritier ;
- dans la confection d'un faux testament ;
- dans la dissimulation d'une donation.

L'élément intentionnel réside dans l'intention frauduleuse de fausser les opérations de partage au détriment de l'un et à l'avantage de l'autre.

Cependant la bonne foi peut être prise en défaut par une certaine négligence : le fait par exemple de penser que tous les héritiers sont d'accord et s'approprier un bien pour le revendre avant même l'ouverture de la succession.

Les conséquences du recel successoral sont graves. L'article 778 du Code Civil prévoit que "*l'héritier qui a recelé des biens ou des droits d'une succession ou dissimulé l'existence d'un cohéritier est réputé accepter purement et simplement la succession sans pouvoir prétendre à aucune part dans les droits ou les biens divertis ou dissimulés*".

Sur un plan pratique, cela signifie :

- **il ne peut pas refuser la succession**, serait-elle déficitaire ;
- **il est privé de sa part sur le ou les biens recelés** qui seront attribués à la victime du recel ;
- Le receleur doit en outre restituer tous les fruits et revenus produits par les biens recelés dont il a eu la jouissance depuis l'ouverture de la succession.

Bref, pas d'anticipation, pas de partage d'un commun accord (on ne sait pas ce que prévoit le testament), mais aussi une certaine prudence quant aux promesses orales qui peuvent être contredites par le testament.

Le Tribunal de Grande Instance est compétent pour connaître des litiges relatifs aux successions.

☞ Le partage des biens de la succession

En l'absence de testament organisant la répartition des biens au jour de la succession, les biens sont acquis en indivision par les héritiers, à charge pour eux d'organiser la répartition.

Les principes sont les suivants :

- Il y a égalité dans le partage. Celle-ci est une égalité de valeur, c'est-à-dire que chaque héritier reçoit des biens pour une valeur égale à celle de ses droits dans l'indivision.
- Une attribution préférentielle peut être demandée par le conjoint survivant ou tout héritier copropriétaire. C'est par exemple le cas d'un héritier qui était l'associé du défunt et qui souhaite garder la propriété ou le droit au bail d'un local commercial. Cette attribution se fera en échange d'une soulte c'est-à-dire d'un complément reversé aux autres héritiers.
- Le partage de l'indivision peut être réalisé à l'amiable entre les héritiers indivisaires. Il se fait par commun accord ou par tirage au sort de lots d'une valeur estimée égale par les héritiers.
- Le partage peut être partiel et laisser l'indivision subsister à l'égard de certains héritiers. Cependant cette hypothèse est assez théorique car elle suppose que les biens puissent être divisés ce qui n'est pas le cas de biens immobiliers (maison, terrains ...).

La situation se complique dans les cas où un indivisaire est absent, soumis à un régime de protection ou plus simplement s'oppose au partage.

En présence d'un indivisaire soumis à une mesure de protection, seul le conseil de famille ou le juge des tutelles peut prendre la décision d'accepter ou non le partage.
Si un indivisaire est absent ou ne peut pas être contacté, nous conseillons de recourir au partage judiciaire afin d'éviter les contestations ultérieures. Cette procédure sera ouverte auprès du Tribunal de Grande Instance du lieu d'ouverture de la succession.

Le cas de l'opposition d'un des indivisaires est plus complexe. Il est possible qu'un des héritiers refuse le partage d'un bien immobilier considérant qu'il ne doit pas être mis en vente et partagé. C'est souvent le cas lorsqu'il existe une « maison de famille ». Dans ce cas, il est fort possible qu'il agisse en utilisant tous les motifs de blocage : refus d'être présent lors de réunions des indivisaires, refus du partage ou d'un échange. Les autres indivisaires devront alors le mettre en demeure de se faire représenter au partage amiable par une personne de son choix. Si dans un délai de 3 mois, il n'a pas désigné de représentant, l'un ou plusieurs des copartageants peut s'adresser au Tribunal de Grande Instance afin de faire désigner une personne qualifiée qui représentera le défaillant (l'indivisaire qui ne souhaite pas participer) jusqu'à la réalisation du partage.

En quoi consiste l'envoi en possession ?

Si le legs est contenu dans un testament olographe ou mystique, le légataire doit auparavant se faire envoyer en possession.

Il s'agit de faire vérifier son titre en le présentant au juge qui s'assure que les conditions exigées par le code civil sont remplies, et qu'il ne porte pas atteinte à la réserve héréditaire. Cette formalité s'appelle **l'envoi en possession**, elle s'accomplit devant le Tribunal de Grande Instance donc avec l'aide d'un avocat. Cette procédure ne concerne que les légataires universels et s'il n'y a pas d'héritiers réservataires.

Son but est de soumettre au juge l'appréciation de la validité des dispositions testamentaires, car le testament olographe présente moins de garanties qu'un testament rédigé par un notaire.

Le rôle du juge consiste à contrôler l'absence d'héritiers réservataires, la présence d'un legs universel, la validité apparente du testament et le respect des règles formelles.

Une fois prononcé, l'envoi permet de prendre effectivement possession des biens légués.

S'il s'agit d'un testament passé sous acte authentique l'envoi en possession n'est pas nécessaire.

Qu'est-ce qu'un exécuteur testamentaire ?

Il s'agit d'une personne désignée par le testateur pour veiller, après son décès, au respect de ses dernières volontés. Dans ce cas, le notaire organise avec le concours de l'exécuteur testamentaire, toutes les formalités pour exécuter le testament et ce, dans un délai d'un an et un jour maximum à compter du décès. Passé ce délai, l'exécuteur testamentaire perd tout pouvoir sauf accord unanime des héritiers pour qu'il poursuive sa mission.
Normalement, l'exécuteur testamentaire n'a pas la « saisine » des biens c'est-à-dire qu'il n'a pas qualité pour accomplir des actes importants sur les biens successoraux. Ses attributions consistent simplement à surveiller l'exécution du testament (faire apposer des scellés, procéder à l'inventaire des biens de la succession…).

Mais le testateur peut lui attribuer la « saisine » des biens successoraux. Dans ce cas, l'exécuteur testamentaire peut prendre possession des biens meubles uniquement. Il est chargé du paiement des legs mobiliers (exemples : paiement d'une somme d'argent ou remise d'un objet) et il a qualité pour faire vendre le mobilier aux enchères.

En outre, le testateur peut étendre ses pouvoirs en lui conférant la capacité de vendre les biens immobiliers. A la fin de sa mission, l'exécuteur testamentaire devra rendre compte et se dessaisir du mobilier qui reste pour le restituer aux héritiers ou aux légataires universels.

Quelle est la différence entre un exécuteur testamentaire et un mandataire ?

L'exécuteur testamentaire va donc s'assurer que la succession est réalisée selon les souhaits du défunt.
Le mandataire quant à lui va avoir pour mission d'administrer et gérer tout ou partie de la succession pour le compte et dans l'intérêt d'un ou plusieurs héritiers. Cette solution est souvent retenue lorsque l'héritier est un mineur ou une personne handicapée.
Le mandat peut aussi être choisi par les héritiers eux-mêmes qui choisissent alors de confier l'administration de la succession à l'un d'eux ou à un tiers.

Enfin, il peut être décidé par un juge à titre provisoire, lorsqu'il estime que l'inertie, la carence ou la faute d'un ou plusieurs héritiers peut nuire à la succession. C'est ainsi le cas lorsque les héritiers se disputent et manifestent leur mésentente en bloquant tout acte d'administration.
Cette demande peut être formulée par toute personne intéressée :

- un héritier ;
- un créancier ;
- une personne qui assurait jusqu'à présent la gestion du patrimoine du défunt ;
- le ministère public.

Lorsque le mandat est établi par le défunt, celui-ci doit remplir certaines conditions. Il doit être rédigé du vivant de la personne (celui qui donne mandat) et accepté par le mandataire (celui qui reçoit le mandat) avant le décès du mandant. Il est donné pour une durée de 2 à 5 ans et peut être prolongé exceptionnellement par un juge. L'acte doit être rédigé devant notaire.

Qu'est-ce que je peux mettre dans mon testament ?

Vous le savez, tout ne peut pas être inscrit dans un testament, et certaines dispositions ne sont pas valables. Oubliez par exemple toute idée de léguer un bien à un animal, ou l'obligation de conserver sans limitation de délais un bien immobilier fut-il la « maison de famille ».

Quelles dispositions pouvez-vous prendre sous réserve de respecter certaines règles telle que la réserve héréditaire ?

☞ Legs à une ou plusieurs personnes de la totalité de ses biens par le testateur (**"legs universel"**).

Le légataire universel, s'il accepte le legs, sera tenu des dettes de la succession. Bien sûr cette solution n'est possible qu'en l'absence de descendants en ligne directe.

- Legs à une ou plusieurs personnes d'une quote-part des biens (**"legs à titre universel"**)

  C'est la formule : « *je lègue la moitié de mes biens à ...* ».
  S'il accepte le legs, le légataire à titre universel sera tenu des dettes à proportion de ce qui lui a été transmis.

- Legs d'un ou de plusieurs biens déterminés à une ou plusieurs personnes (**"legs à titre particulier"**)
  « je lègue ma collection de timbres à ... »). Le légataire à titre particulier ne sera pas tenu des dettes. Le testament peut préciser que le legs particulier sera net de tous les frais et droits de succession ; ils seront dans ce cas, supportés par les héritiers ou par les légataires universels.

- **Les legs avec charges et conditions**
  Il est possible d'assortir les legs de certaines charges et conditions dès lors qu'elles ne sont pas contraires à la loi, aux bonnes mœurs et à l'ordre public (par exemple, indiquer que le légataire devra s'occuper de telle personne). Si les charges et conditions ne sont pas respectées par le légataire, il pourra être destitué de son legs.

- La clause d'inaliénabilité qui interdit au légataire de revendre le bien légué. Elle est valable si elle est temporaire et justifiée par un intérêt sérieux et légitime. Le légataire peut cependant demander au tribunal l'autorisation de vendre lorsqu'il en justifie le besoin.

- **La désignation d'un exécuteur testamentaire**
  Le rôle de l'exécuteur testamentaire consiste notamment à veiller à l'exécution des volontés du testateur, à organiser ses funérailles, à garantir la délivrance des legs ou le respect des charges et conditions du testament, ou encore à agir en justice si nécessaire.

- **La reconnaissance d'un enfant naturel**
  Une telle reconnaissance a pour conséquence immédiate de faire entrer l'enfant reconnu à la succession. S'il est le seul enfant, il va ainsi prendre place au premier rang.
  Le testament doit être établi sous la forme authentique. Cette reconnaissance peut être faite dès que l'enfant est conçu, c'est-à-dire avant même sa naissance. Elle restera secrète jusqu'au décès du testateur.

- **La désignation d'un tuteur**
  Chaque parent peut, de manière séparée, exprimer le souhait qu'un membre de la famille ou un proche puisse recueillir les enfants

mineurs ou les incapables majeurs, s'en occuper et gérer leur patrimoine en cas de décès des parents.

☞ **La désignation des bénéficiaires d'un capital décès dans le cadre d'une assurance-vie**
Le testateur conserve la possibilité de modifier jusqu'à son décès le nom du bénéficiaire puisque celui-ci, n'ayant pas connaissance des termes du testament, n'a pas pu accepter cette qualité auprès de l'assureur.

Je ne suis pas marié mais souhaite protéger la personne avec laquelle je vis

Vous vivez soit en concubinage, soit avez conclu un PACS ou pacte civil de solidarité.

Sachez que ces statuts ne font pas de votre partenaire un héritier. Pour le droit civil, des concubins ou des personnes pacsées sont des étrangers lors de l'héritage et ils ne sont pas appelés à la succession.

Si vous souhaitez que votre concubin reçoive votre patrimoine à votre décès, vous **devrez établir un testament** en sa faveur ou procéder à une donation. Aussi il est-il impératif de régler le problème de la répartition de votre patrimoine de votre vivant.

La création d'une SCI - société civile immobilière - pour l'acquisition et la gestion d'un bien immobilier qui peut être votre domicile, peut aussi être une solution. Dans ce cas, votre ami(e) souscrit des parts de la SCI.

Pour le PACS, le partenaire survivant a le même droit au logement temporaire que celui dont bénéficie le conjoint survivant, c'est-à-dire soit l'occupation gratuite pendant 1 an si le logement appartenait au défunt, soit le remboursement des loyers par la succession pendant 1 année si le logement était pris à bail. En cas d'acquisition commune du logement, il est toujours possible d'avoir recours à la clause de la tontine. Toutefois, le partenaire survivant étant désormais exonéré de droits de succession, le logement lui reviendra exempt de tout droit, et ce, quelle que soit sa valeur. La **tontine** est une clause figurant dans l'acte d'acquisition qui prévoit qu'au décès du premier des acquéreurs, la propriété du bien revient intégralement à l'autre. Il s'agit d'une fiction juridique, le bien est réputé ne jamais avoir appartenu au défunt. Celui qui recueille le bien n'est tenu que de droits de mutation à titre onéreux au taux de 4,80 %.

Si le plafond de 76 000 € est dépassé, le taux des droits de successions entre non parents s'applique soit 60 %.

☞ **Vous avez des héritiers dits réservataires**

Il s'agit de vos descendants et de vos parents. Dans ce cas, vous ne pourrez que disposer de la quotité disponible.

Vous pourrez aussi procéder à une donation si le PACS est conclu depuis plus de deux ans.
Le seul avantage que vous confère le PACS est de diminuer le montant des droits de mutation.

Depuis le 22 août 2007, le partenaire lié au défunt par un PACS est exonéré de droits de succession et bénéficie de droits de mutation similaires à ceux du conjoint survivant mais seul un testament l'instituera "héritier".

☞ **Vous n'avez pas d'héritiers dits réservataires**

Vous pourrez disposer de l'ensemble de votre patrimoine.

Dans quel cas est-on dispensé de déclaration de succession ?

La déclaration de succession est facultative pour les héritiers en ligne directe (ascendants – descendants) ou le conjoint survivant si l'actif net est inférieur à 50.000 € au jour du décès. Cette somme est abaissée de 3000 € si les héritiers sont les frères et sœurs.
Pour déterminer l'actif, il convient de totaliser tous les biens : comptes bancaires, mobilier pour lequel on pratique un forfait. Pour une voiture, on prendra le prix Argus. Les assurances vie sortent du patrimoine successoral.
Il est également possible de mettre les biens aux enchères et retenir le prix de vente ainsi obtenu.
Si l'actif dépasse 50.000 €, il convient de remplir le formulaire Cerfa 11277*06 que vous obtiendrez auprès de l'administration fiscale. Ce formulaire permet de faire apparaître d'un côté l'actif que vous avez calculé et de l'autre le passif dont celui à venir du fait des frais d'obsèques (pour un montant de 1500 € maximum), frais de dernière maladie, impôts dus au titre de l'année, les échéances de prêts dus.

Le pacte de famille est-il légal ?

La loi prévoit la faculté d'aménager les conditions d'application des droits réservataires des héritiers, dans le cadre « d'un pacte de famille ». Il doit être signé par deux notaires du vivant des parents, afin d'aménager les droits futurs de chacun des enfants. Jusqu'alors, un héritier ne pouvait renoncer à sa réserve. Une telle renonciation était analysée comme un pacte sur succession future qui était prohibé par notre droit.
Ainsi, un enfant peut accepter par avance de renoncer à tout ou partie de la succession de ses parents pour avantager un frère ou une sœur.
Le pacte permet également les donations trans-générationnelles, de grands-parents à petits-enfants. La loi permet de faire concourir des générations différentes dans une donation-partage. Les grands-parents peuvent désormais consentir une telle donation afin de répondre aux besoins de leurs petits-enfants. La part donnée au petit-enfant s'impute sur la réserve du

parent avec son accord. Cette nouvelle modalité de transmission patrimoniale est liée à l'allongement de la vie et au développement des solidarités dans les familles.

Le code civil s'est enrichi d'un nouveau dispositif emprunté au droit anglo-saxon : la fiducie. La loi (n°2007-211) du 19 février 2007 définit la fiducie aux articles 2011 et suivants du code civil comme étant "l'opération par laquelle un ou plusieurs constituants transfèrent des biens, des droits ou des sûretés, ou un ensemble de biens, de droits ou de sûretés, présents ou futurs, à un ou plusieurs fiduciaires qui, les tenant séparés de leur patrimoine propre, agissent dans un but déterminé au profit d'un ou plusieurs bénéficiaires".
Ce dispositif est désormais accessible aux personnes physiques. Est-il alors adapté pour protéger ou favoriser une personne : conjoint, partenaire, enfant handicapé ?
La réponse est négative et le contrat serait alors frappé de nullité. La fiducie est un instrument de sûreté du droit des affaires. Des héritiers pouvant alors attaquer le dispositif en démontrant l'intention libérale.

Le droit des successions en pratique

1

Vous pouvez disposer de votre patrimoine soit par donation (de votre vivant), soit en aménageant votre régime matrimonial (pour protéger votre conjoint) soit par l'organisation de votre succession. Dans ce dernier cas, vous aurez recours à un testament.

2

Le legs correspond à votre choix d'attribuer dans votre succession tel ou tel bien à une personne. Il peut être "universel", "à titre universel" ou "particulier". Le legs universel et le legs à titre universel portent à la fois sur l'actif et les dettes.

3

Le recel successoral est un délit puni par la loi. Il peut être lié à :

- ✓ la non déclaration lors de l'ouverture d'une succession d'une donation,
- ✓ le fait d'entrer en possession d'un bien et d'en disposer alors que la succession n'est pas encore ouverte,
- ✓ le fait d'en tirer avantage (percevoir des loyers par exemple).

4

En présence d'héritiers réservataires, le patrimoine va être réparti en fonction de la "réserve" due à chaque héritier et la quotité disponible. Celle-ci est la part qui peut être attribuée par le *de cujus* (l'auteur du testament) à toute personne de son choix. Il peut s'agir de son conjoint, d'un enfant ou d'une personne tierce.

5

Il est possible d'organiser de son vivant la répartition de ses biens. Les solutions sont soit la donation, soit le pacte de famille. Le recours à un notaire est alors nécessaire.

6

La réserve - article 912 alinéa 1er du Code civil : "*la réserve héréditaire est la part des biens et droits successoraux dont la loi assure la dévolution libre de charge à certains héritiers dit réservataires, s'ils sont appelés à la succession et s'ils acceptent*". Elle s'impose à toute personne souhaitant organiser sa succession.

Annexe – les abattements fiscaux

La loi du 22 août 2007, dite loi TEPA, a introduit de nombreuses modifications dans le régime fiscal des successions.

Voici quelques unes des principales dispositions. Cependant, les taux et plafonds étant susceptibles d'être révisés, il vous est conseillé de vous rapprocher des services fiscaux.

Droit de succession	Disparition des droits de succession entre conjoints et partenaires pacsés Mais … Cela ne signifie pas qu'un partenaire Pacsé hérite de droit. Cette clause ne s'applique que si le partenaire Pacsé est appelé à la succession dans un testament.
Abattements	De Parent et enfant : 156 359 € Entre frère/sœur : 15 636 € En faveur d'une personne handicapée : 156 359 € En faveur d'un neveu/nièce : 7 818 €
Abattements dans le cadre d'une donation	Entre conjoints pacsés : 79 222 € De parent à enfant (par parent) : 156 359 € De parent à petit enfant : 31 272 € Entre frère/sœur : 15 363 €
Abattements de l'assurance vie	Versement effectués par l'assuré avant l'âge de 70 ans : 152 500 € Versements effectués après l'âge de 70 ans : 30 500 €

La représentation successorale

La représentation successorale permet, lorsque l'un des héritiers est déjà décédé au moment de l'ouverture de la succession d'une personne, ou renonce à la succession, à ses descendants d'hériter à sa place. On dit alors qu'ils viennent en représentation de leur ascendant prédécédé ou renonçant. Cette représentation ne joue que pour les descendants et les collatéraux privilégiés (neveux et nièces notamment).

Auparavant, les neveux et nièces qui héritaient de leur oncle ou tante « en remplacement de leur parents » bénéficiaient de l'abattement applicable à leurs parents, mais pas du tarif des droits applicable entre frères et sœurs. Ainsi, ils subissaient une taxation de 55 %.
La loi de finances pour 2009 a modifié ce taux, qui aboutissait à surtaxer les neveux et nièces venant en représentation de leurs parents, pour les successions ouvertes depuis le 1er janvier 2009. Désormais, ils bénéficient non seulement de l'abattement entre frères et sœurs (abattement entre frères et sœurs ne vivant pas sous le même toit : 15.636 € en 2009) mais également du tarif applicable entre frères et sœurs, soit 35 % pour la fraction nette taxable inférieure à 23.975 € et 45 % pour la fraction supérieure.
Par mesure de tolérance et de cohérence, l'administration fiscale vient d'étendre cette disposition aux successions ouvertes depuis le 1er janvier 2007. Concrètement, les contribuables concernés par cette tolérance ayant déjà versé les droits de succession dus sur la succession de leur oncle ou tante pourront obtenir la restitution du trop-perçu, à condition d'en faire la demande avant le 31 décembre 2011.
Instruction du 10 juillet 2009, BOI 7 G-7-09 du 16 juillet 2009

Mes parents ont contracté une assurance-vie mais je n'en retrouve pas la trace.

Est-il possible retrouver la trace d'un contrat d'assurance-vie contracté par une personne aujourd'hui décédée ?
La loi dite DDAC du 15 décembre 2005 prévoit que toute personne physique ou morale peut s'adresser aux organismes d'assurance pour être informé de l'existence éventuelle d'un contrat d'assurance-vie souscrit en sa faveur. L'AGIRA est l'organisme de recherche des bénéficiaires créé par les sociétés et mutuelles d'assurances afin de remplir cette obligation.
Opérationnelle depuis de 1er mai 2006, l'AGIRA peut être saisie par toute personne. La démarche est gratuite. Il faut néanmoins pouvoir produire la copie de l'acte de décès de l'assuré.
Bien sûr, l'information sur l'existence éventuelle d'un contrat d'assurance-vie ne sera communiquée qu'au bénéficiaire.

AGIRA : 1, rue Jules Lefebvre - 75431 Paris cedex 09

2 Les donations

Puis-je donner des cadeaux à des proches ? Le présent d'usage.

Le présent d'usage est donné à l'occasion d'un évènement important (naissance, mariage, fiançailles ...) ou d'une tradition familiale (réussite à un examen, anniversaire ...).
Le présent doit être lié à un évènement précis. Il doit également être apprécié au regard de la valeur du cadeau. S'il peut être admis qu'une bague puisse être donnée lors d'un mariage, un bijou de valeur remis à l'occasion de la réussite au permis de conduire ne le sera pas.
Enfin, il ne doit pas se répéter. Des virements périodiques sur le compte d'un proche ne peuvent être considérés comme un présent d'usage.

Sont considérés comme des présents d'usage :

- un bijou remis lors d'un mariage ou de fiançailles ;
- une petite somme remise pour la réussite à un examen ;
- les « étrennes » c'est-à-dire une petite somme remise à un employé de maison ou un concierge lors de la nouvelle année ;
- un objet de famille remis à un enfant ou petits-enfants lors d'une visite.

Le tout sous condition de montant.
Y a-t-il alors un montant maximum à respecter ? Non ! C'est là essentiellement une question de mesure rapportée d'une part au patrimoine de celui qui donne, d'autre part à l'évènement que ce don entend marquer. L'administration fiscale ajoute un critère : le don d'usage ne doit pas appauvrir le donateur compte tenu de son patrimoine.

Sur le plan fiscal le présent d'usage n'est pas soumis aux droits de succession.
Sur le plan civil, il est irrévocable c'est-à-dire qu'il ne peut être repris et surtout il ne peut être pris en compte lors de la succession du donateur.
On comprendra dès lors la tendance de certains héritiers à contester la nature de présent d'usage d'un bien dépassant un certain montant.

Le don manuel : de quoi s'agit-il ? Est-il légal ?

La technique du don manuel consiste à donner de la « main à la main » une somme d'argent ou un objet, et de façon générale toute chose qui n'appelle pas la rédaction d'un acte juridique formel (acte notarié).

Parce qu'elle n'exige aucune formalité, la technique du don manuel est fréquemment utilisée en France comme un moyen de transmission classique.

Sont ainsi des dons manuels :

- La remise d'une somme d'argent ;
- La signature d'un chèque ou un virement bancaire ;
- La remise d'un objet (bibelot, tableau, meuble ...).

En droit, chacun de nous est libre de disposer de ses biens. Donc le don manuel est licite.

Cependant, il existe deux risques : l'un est fiscal et l'autre civil.

☞ Le risque fiscal

Si le bien ou la somme d'argent qui a été donné représente une valeur assez conséquente, l'administration fiscale peut contester la nature du don.
En effet, pour le fisc, il faut toujours être en mesure de justifier l'origine de ses fonds ou de biens. Il faut donc que celui qui reçoit soit en mesure de prouver qu'il s'agit d'un don et non de revenus dissimulés ou d'un recel.

Comment l'administration fiscale peut-elle être informée ? Tout d'abord par l'intermédiaire d'un héritier qui se penserait floué. Ensuite par une simple analyse entre les revenus et le patrimoine passé de la personne ayant reçu le don, et ses revenus et patrimoine actuels.

Une fois révélé, le don manuel doit être déclaré dans un délai d'un mois. Si le don porte sur une somme d'argent, les droits seront calculés sur la valeur nominale. Mais s'il s'agit d'un bien, la valeur qui servira de base d'imposition sera celle fixée au jour de la révélation et non au jour du don.

☞ Le risque civil

Il naîtra au jour de l'ouverture de la succession. Au regard du droit successoral, le don manuel est licite et constitue une donation. S'il est connu ou révélé, le don manuel viendra s'ajouter au patrimoine à partager au décès du donateur. Là deux cas de figure peuvent se présenter :

☞ **le donataire est un héritier**. Il a donc obligation de révéler le don dont il a bénéficié. Ce don est alors présumé être une avance sur sa part d'héritage sauf si le donateur en a convenu autrement dans un acte de déclaration du don.

☞ **Si le don est consenti en faveur d'un tiers** qui n'est pas appelé à la succession, celui-ci ne peut être contesté ou diminué dès lors qu'il ne dépasse pas la quotité disponible[15] du donateur.

Il est important de favoriser la transparence. En effet, la dissimulation d'un don est risquée. Les autres héritiers peuvent, par exemple, tenter de prouver qu'il y a dissimulation volontaire et prise d'avantage illicite aux dépens de la succession. Ce que l'on appelle le recel successoral.
Ici encore, la valeur du bien sera calculée au moment de la révélation et non au moment du don.

L'intérêt du donateur comme du donataire s'il est proche parent est donc de formaliser le don sous la forme d'un acte sous seing-privé c'est-à-dire rédigé sans l'intermédiaire d'un notaire, sous la forme d'un acte authentique, ou encore simplement enregistré auprès de l'administration fiscale (formulaire de déclaration n°2735). Dans ce cas, le don entre sous le régime fiscal des droits de donation et bénéficie des nouvelles dispositions applicables depuis le 1er janvier 2008.

Les donations aux enfants, petits-enfants et arrière petits enfants.

Transmettre de son vivant une partie de son patrimoine à ses enfants ou petits-enfants ou même arrière-petits-enfants est désormais possible sans payer de droits. En effet, il existe désormais plusieurs avantages fiscaux. Toutefois, ceux-ci étant revus chaque année, il est important de se rapprocher de l'administration fiscale pour en connaître les montants.

☞ **Le don aux enfants**

Chaque parent peut donner jusqu'à 156.359 € par enfant sans avoir de droits de donation à payer, et ce depuis le 1er janvier 2009.
Pour l'année 2008, cet abattement s'élevait à 151.950 €.
Un couple peut donc transmettre à un enfant jusqu'à 312 .718 € sans frais.

Cet abattement est possible par période de 6 ans.
Le don peut consister en une remise d'argent, la remise d'un chèque, des titres ou des valeurs.

---

[15] La quotité disponible est la part d'héritage dont chaque personne est libre de disposer en donnant ou léguant à une ou plusieurs personnes de son choix.

☞ Dons aux petits enfants

Selon le même principe, les grands-parents peuvent donner à leurs petits-enfants et donc ne pas avoir à payer de droits de donation.
A compter du 1er janvier 2009, il est donc possible de donner 31.272 € par petit-enfant pour une période de 6 ans.

☞ Dons aux arrière-petits-enfants

Le montant est de 5.212 € pour un don à un arrière-petit-enfant, et ce pour une période de 6 ans.

Biens sûr, ces abattements peuvent se cumuler : un enfant peut recevoir 312.718 € de ses deux parents (156.359 € X 2) et 125.088 € de ses quatre grands-parents (31.272 € X 4) tous les six ans sans avoir de droits de donation à régler.

☞ Dons à une personne handicapée

Le donataire (celui qui reçoit) bénéficie des abattements suivants :

- 156.359 € en sa qualité de personne handicapée
- 156.356 € de la part de chaque parent
- 156.356 € si le donateur est un époux ou partenaire pacsé
- 31.275 € si le donateur est un grand parent
- 2.212 € si le donateur est un arrière-grand-parent
- 15.636 € si le donateur est un frère ou une sœur
- 7.818 € si le donateur est un oncle ou une tante

Par parent	Donation à un enfant	Donation à un petit-enfant	Donation à un arrière-petit-enfant
Si le donataire est handicapé	151.950 €	151.950 €	151.950 €

	Donation à un époux ou partenaire pacsé	Donation à un neveu ou nièce	Donation à un frère ou sœur
Par parent	76.988 €	7.598 €	15.195 €
Si le donataire est handicapé	151.950 €	151.950 €	151.950 €

☞ Les dons en sommes d'argent

Les dons de sommes d'argents aux enfants, petits-enfants ou arrière-petits-enfants ou à défaut de descendants, aux neveux et nièces ou par représentation à des petits-neveux ou petites-nièces sont exonérés sous certaines conditions d'âge du donateur (celui qui donne) et du donataire (celui qui reçoit) à hauteur de 31.272 €. Cet abattement est cumulable avec les abattements accordés pour les autres types de dons.

Exemple : des parents donnent à leur enfant :

⇨ Une somme d'argent de 33.000 €
⇨ Des titres d'une valeur de 131.500 €
La somme d'argent est exonérée à hauteur de 31.272 €.
Le surplus (1728 €) et la valeur des titres ne dépassant pas le montant maximum de l'abattement personnel (156.359 €), ne seront pas taxables.

Bien sûr, ces dispositions ne sont applicables qu'à la condition d'enregistrer ces dons sur les formulaires mis à disposition par l'administration fiscale.

Pour cela, consultez le site www.impots.gouv.fr ou rapprochez-vous de votre centre des impôts.

Existe-t-il des cas particuliers permettant de bénéficier de réductions supplémentaires en cas de donation ?

Si après application de l'abattement, il y a toujours des droits à payer, il est possible de bénéficier de réductions dans les cas suivants :

- Réduction pour charges de famille.

Les charges de famille du donataire (celui qui reçoit) sont prises en compte. C'est le cas s'il a au moins trois enfants qu'ils soient ou non à charge. Le montant de la réduction est de 610 € par enfant à compter du 3e. Dans les autres cas, elle est de 305 €.

- Réduction en fonction de l'âge du donateur (celui qui donne).

	Donation en nue propriété	Donation en pleine propriété	Donation en usufruit
Donateur a moins de 70 ans	35 % de réduction	50 % de réduction	50 % de réduction
Donateur a 70 ans révolus et moins de 80 ans	10 % de réduction	30 % de réduction	30 % de réduction
Donateur a plus de 80 ans	Aucune	Aucune	Aucune

J'ai réalisé une donation à mes enfants. Comment ces sommes seront-elles prises en compte lors de l'ouverture de ma succession ?

En cas de décès du donateur, les donations de moins de six ans sont prises en compte lors du calcul des droits de succession.

Il en est de même pour les tranches du barème de taxation et pour la réduction pour charges de famille. Si le donataire a déjà bénéficié de la réduction pour charges de famille lors d'une donation, les tranches du barème de taxation et la réduction déjà utilisés ne peuvent être à nouveau pris en compte pour le calcul de droits dans le cadre de la succession du donateur si celle-ci a lieu dans un délai de 6 ans après la donation.

Par exemple
Un père donne à son fils 150.000 €. Compte tenu de l'abattement de 156.359 € en 2009, le fils n'a pas payé de droit.
Si le père décède dans l'année 2009, le fils bénéficie d'un solde d'abattement de :
156.359 € - 150.000 € soit 6.359€.
Si le père décède en 2019, le fils bénéficie d'un nouvel abattement au montant actualisé en 2019.

Un père donne 180.000 € à son fils. 23.641 € feront donc l'objet d'une taxation au taux applicable en 2009.
Si le père décède en 2011 soit avant l'échéance de 6 années, le fils ne peut plus bénéficier de l'abattement de 156.359 € pour la succession.

La donation entre époux

La donation entre époux (ou « au dernier vivant ») permet d'avantager le sort du conjoint survivant lors de l'ouverture de la succession, et de lui permettre de recueillir une part plus importante que celle qu'il aurait recueillie en l'absence de donation. Il convient de distinguer selon :

☞ En présence de descendants

Ils sont donc des héritiers réservataires. La donation entre époux va permettre au conjoint survivant d'effectuer un choix au moment de l'ouverture de la succession :

- Soit un quart de la succession en pleine propriété et les trois autres quarts en usufruit. Les enfants étant alors les nus-propriétaires.

- Soit la totalité de la succession en usufruit. Les enfants devenant eux-mêmes les nus-propriétaires de la totalité.

- Soit l'équivalent de la quotité disponible en pleine propriété. Le reste revenant de plein droit aux enfants. La quotité disponible est la part de la succession dont le *de cujus*[16] peut disposer librement. Cette portion va varier en fonction du nombre d'enfants. Elle est égale à la moitié de la succession en présence d'un enfant, au tiers en présence de deux enfants et au quart en présence de trois enfants ou plus.

☞ En l'absence de descendants

La donation entre époux permet au conjoint survivant de recueillir la totalité de la succession du défunt en pleine propriété.
L'article 1094 alinéa 1 du code civil précise que le conjoint survivant qui ne souhaite pas disposer de tout ce qui est en sa faveur, peut choisir de ne recueillir qu'une partie des biens. La part qu'il laisse dans la succession ne sera pas considérée comme une donation faite aux héritiers.

La donation entre époux peut avoir lieu avant le mariage ou durant celui-ci. Elle peut être révoquée unilatéralement par son auteur sans que l'autre conjoint en soit averti. En effet, même si cette donation est faite devant notaire, ce dernier est tenu au secret professionnel et ne peut donc informer l'autre époux.
Par contre, si elle a été inscrite dans le contrat de mariage, elle ne peut être révoquée sauf dans le cas dit « d'ingratitude ».

> La donation entre époux doit être formalisée par acte authentique. Le recours à un notaire est donc obligatoire. Il reçoit les époux ensemble et fait signer à chacun d'eux un acte de donation.

[16] L'expression latine dont la formule entière est " Is de cujus successione agitur " désigne celui de la succession duquel on débat. Par délicatesse, les notaires ont pris l'habitude d'utiliser cette expression lorsqu'ils rédigent un contrat de mariage ou un testament afin qu'en sa présence le donateur ne soit pas désigné dans l'acte qu'il signe, par l'expression " le (futur) défunt".

Donation partage et droit des successions

Un conjoint survivant avait, après le décès de son épouse, consenti une donation-partage cumulative à ses deux enfants. Aux termes de cet acte, une maison lui appartenant en propre avait été attribuée à sa fille, et un appartement provenant de la communauté ayant existé entre lui et son épouse avait été attribué à son fils.

Après le décès du donateur, le fils a assigné sa sœur en nullité de l'acte pour lésion de plus du quart. La Cour d'appel a accueilli cette demande et a annulé l'acte, en retenant que le partage cumulatif qui doit respecter, en valeur, l'égalité des héritiers, est rescindable pour lésion dans les termes de l'article 1077-2 du Code civil (qui renvoie aux règles des donations entre vifs).

La Cour de cassation censure cette argumentation et déboute le fils de sa demande en rescision pour lésion. Elle indique, d'une part, que la donation-partage cumulative, qui réalise par un même acte un partage amiable des biens de la succession ouverte et une donation-partage des biens du parent survivant à la condition que tous les enfants majeurs et capables acceptent ce partage, est soumise aux règles qui gouvernent les partages d'ascendants, et d'autre part que l'article 1077-2 du Code civil qui renvoie pour ces partages aux règles des donations entre vifs pour ce qui concerne l'imputation, le calcul de la réserve et la réduction, ne vise pas la rescision pour lésion (Violation par la cour d'appel de l'article 1075-1 du Code civil et, par fausse application, des articles 887 et 1077-2 du Code civil).

(**Source**: Cass. Civ. 1re 22 nov. 2005 : Juris-Data n° 2005-030825; JCP N 2005, act. 599.)

Pensez-y !
Il est possible de souscrire une assurance-vie au profit de son conjoint en répartissant l'usufruit à ce dernier et la nue-propriété aux enfants ou héritiers réservataires. Dans ce cas, les enfants disposeront d'une créance sur la succession du conjoint et à l'ouverture de celle-ci ils pourront prélever cette créance sur la succession sans droit à payer.

3 Le prêt d'une somme d'argent

Je souhaite prêter de l'argent à un de mes proches : comment dois-je procéder ?

Il est bien sûr possible de procéder à un tel prêt entre parents. Le prêt suppose donc le remboursement de la somme et le versement éventuel d'un taux d'intérêt que vous pouvez fixer sans dépasser toutefois le taux de l'usure[17].

☞ Faut-il un écrit ?

Si le prêt dépasse la somme de 1500 euros, l'article 1341 du code civil exige une preuve écrite et préconstituée. A défaut d'écrit le contrat ne pourra être prouvé ni par témoignage ni par présomptions.

Si la personne qui reçoit ce prêt est un proche susceptible d'être appelé à votre héritage, vous aurez intérêt tous les deux à ce formalisme. En effet l'administration fiscale comme des ayants droit pourront qualifier ce prêt comme une donation et demander pour l'une le paiement de droits et pour l'autre, rapporter cette somme à l'héritage.

> **Pensez-y !** L'écrit doit bien sûr être signé par chaque partie, porter les mentions « lu et approuvé », la date, le lieu et le montant en chiffres et en lettres.

Mais surtout vous devrez faire la déclaration des contrats de prêt à l'administration fiscale à l'aide de l'imprimé n° 2062. Cette déclaration doit indiquer les noms et adresses du prêteur (c'est-à-dire le créancier) et de l'emprunteur (c'est-à-dire le débiteur), la date, le montant et les conditions

---

[17] L'article L 313-3 du code de la consommation dispose que "constitue un prêt usuraire tout prêt conventionnel consenti à un taux effectif global qui excède, au moment où il est consenti, de plus du tiers, le taux effectif moyen pratiqué au cours du trimestre précédent par les établissements de crédit pour des opérations de même nature comportant des risques analogues". Chaque trimestre, la Banque de France collecte auprès d'un large échantillon d'établissements de crédit les taux effectifs moyens pratiqués pour 11 catégories de prêts aux particuliers et aux entreprises. Ces taux, augmentés d'un tiers, établissent les 11 seuils de l'usure correspondants. Les seuils de l'usure sont publiés sous la forme d'un avis au J.O. à la fin de chaque trimestre pour le trimestre suivant.

du prêt (notamment la durée, le taux et la périodicité des intérêts ainsi que les modalités de remboursement du capital).
Lorsque le montant du prêt n'excède pas 760 EUR, le dépôt de la déclaration n° 2062 n'est pas obligatoire. Toutefois, lorsqu'une personne a conclu plusieurs contrats dont le montant unitaire est inférieur au seuil de 760 EUR mais dont le montant total dépasse cette limite, l'obligation de déposer la déclaration subsiste.
L'imprimé n°2062 est disponible en téléchargement sur le site impots.gouv.fr ou peut être retiré dans un centre des impôts.
Le droit fixe pour l'enregistrement du contrat de prêt est de 125 EUR.

Les obligations incombant au bénéficiaire des intérêts d'emprunt (prêteur)

Le bénéficiaire des intérêts d'emprunts doit les déclarer dans la rubrique des revenus des valeurs et capitaux mobiliers n'ouvrant pas droit à abattement, dans la case 2 TR de la déclaration d'impôts sur le revenu (imprimé 2042).

Les obligations incombant au débiteur des intérêts d'emprunt (emprunteur)

En application du premier alinéa de l'article 242 ter du code général des impôts, l'emprunteur est tenu de déclarer à l'administration fiscale les intérêts payés au prêteur au plus tard le 15 février de l'année suivant celle de leur paiement.

Pour ce faire, il souscrit la déclaration récapitulative des opérations sur valeurs mobilières et revenus de capitaux mobiliers (n° 2561), dénommée imprimé fiscal unique (IFU).

> On peut parfois rechigner à un tel formalisme entre proches surtout lorsque les sommes sont faibles et les délais de remboursements sont courts. Cependant la rédaction d'un écrit et l'enregistrement auprès de l'administration fiscale visent à protéger toutes les parties et non à les contraindre.

La donation partage en pratique

1

Avec une donation partage, vous vous dessaisissez immédiatement d'un bien ou d'une somme d'argent en faveur de un ou plusieurs de vos enfants. Vous pouvez toutefois choisir de garder l'usufruit du bien que vous donnez.

2

La donation partage permet d'anticiper le règlement de votre succession en partageant et affectant des biens à vos enfants selon votre choix. Vous pourrez ainsi protéger un enfant handicapé en lui attribuant de façon définitive un patrimoine adapté à ses besoins.

3

La donation partage est définitive. Les biens donnés ne seront donc pas réintégrés dans le patrimoine lors de l'ouverture de la succession. Toutefois, afin de s'assurer que chacun de vos enfants a reçu sa part de réserve, les biens donnés sont évalués au jour de la donation (et non au jour de l'ouverture de la succession).

4

Vous pouvez convenir d'une donation partage avec votre conjoint sur les biens de la communauté (c'est-à-dire les biens communs aux deux époux) et sur les biens propres de chacun. Une condition toutefois, avoir eu deux enfants ensemble, ce qui permet d'attribuer des biens ou de l'argent sans se soucier de l'origine maternelle ou paternelle du bien.

5

Si vous souhaitez donner un bien à un de vos enfants né d'une précédente union, vous ne pouvez donner que vos biens propres ou de la communauté (et non ceux de votre conjoint).

6

Vous pouvez effectuer une donation partage à vos petits enfants à la condition que vos enfants acceptent que leurs enfants reçoivent à leur place tout ou partie de leurs droits à la succession. Si vous n'avez pas d'enfants, vous pourrez réaliser une donation-partage à vos frères et sœurs ou si l'un d'eux est décédé à ses enfants.

4 Prendre sa retraite

Une réforme des retraites est annoncée pour 2009, faisant suite aux évolutions de 2008.

Faut-il partir dès maintenant pour éviter de perdre des droits ? Voici quels seront les principales dispositions dans les deux prochaines années.

1- La durée de cotisation

La règle actuelle	Ce qui va changer
Pour les retraites démarrant jusqu'au 31 décembre 2008, les salariés qui partent entre 60 et 65 ans peuvent percevoir leurs retraites de base et complémentaires (Arrco et Agirc) à taux plein (50 %), à condition de justifier d'une durée minimale de cotisation fixée à 160 trimestres, tous régimes de base confondus. Si vous n'avez pas atteint cette durée, votre retraite est calculée à partir d'un taux minoré.	Pour les retraites qui démarrent à partir de 2009, la durée minimale de cotisation est progressivement relevée. Elle est portée à 161 trimestres pour les assurés nés en 1949, à 162 trimestres pour ceux nés en 1950, à 163 trimestres pour les natifs de 1951 et à 164 trimestres pour ceux de 1952. Pour les personnes nées en 1953 et après, la durée d'assurance devrait à nouveau augmenter.

2- L'âge minimum de départ

La règle actuelle	Ce qui va changer
Vous ne pouvez demander votre retraite de base qu'à partir de 60 ans, sauf exception et en particulier pour les personnes qui ont commencé à travailler très jeunes. Rien ne vous interdit cependant de cesser votre activité professionnelle avant, mais vous devez attendre d'avoir 60 ans pour pouvoir toucher votre pension de retraite.	Rien, tout au moins dans un proche avenir. Des débats ont lieu mais rien n'est décidé.

3- Le calcul de votre retraite

La règle actuelle	Ce qui va changer
Tous les éléments de calcul de votre retraite dépendent de votre année de naissance.	Ce principe de calcul n'est pas remis en cause. Autrement dit, si vous prenez votre retraite après 60 ans, et quelle que soit l'année de votre départ, on vous appliquera les mêmes règles que celles qui seraient effectives si vous preniez votre retraite à 60 ans en 2008. En clair, si vous avez 60 ans en 2008, vous n'êtes pas concerné par l'allongement de la durée de cotisations et devez justifier de 160 trimestres pour bénéficier d'une retraite à taux plein avant 65 ans.

4- Le départ anticipé pour longue carrière

La règle actuelle	Ce qui va changer
Les salariés qui ont commencé à travailler à 14, 15 ou 16 ans et qui totalisent une durée d'assurance de 168 trimestres minimum peuvent demander leur retraite avant 60 ans, à taux plein, dans le régime de base comme dans les régimes complémentaires. Pour y prétendre, ils doivent justifier d'un nombre minimum de trimestres pendant lesquels ils ont effectivement cotisé : ✓ 160 trimestres pour un départ à 59 ans ; ✓ 164 trimestres pour un départ à 58 ans ; ✓ et 168 trimestres pour un départ à 56 ou 57 ans.	Afin de tenir compte de l'allongement de la durée de cotisation à partir de 2009, le nombre de trimestres exigés pour bénéficier de ce dispositif devrait augmenter, à raison d'un trimestre supplémentaire par an. En 2012, il faudrait donc justifier de 172 trimestres (43 ans) cotisés pour un départ à 56 ans.

5- Le rachat des périodes d'apprentissage

La règle actuelle	Ce qui va changer
Moyennant le versement de cotisations, il est possible de demander la prise en compte des périodes d'apprentissage réalisées avant le 1er juillet 1972, lorsqu'elles n'ont donné droit à aucun trimestre ou lorsque les cotisations versées par l'employeur n'ont pas permis de valider toute la période. De nombreux assurés utilisent ce système pour obtenir un départ anticipé avant 60 ans.	Les conditions à remplir pour régulariser des périodes d'apprentissage sont beaucoup plus strictes depuis le 1er janvier 2008. Les anciens apprentis doivent désormais fournir leur contrat d'apprentissage, les bulletins de salaires de ces années-là (portant la mention "Apprenti"), une attestation de la chambre de commerce (ou des métiers), une attestation du centre d'apprentissage, un certificat de travail mentionnant que le salarié a été apprenti et le diplôme sanctionnant l'apprentissage. À défaut, une déclaration sur l'honneur reste admise, pour 4 trimestres uniquement et sous de strictes conditions (contresignée par deux témoins, sans lien de parenté avec le demandeur, qui justifient de leur activité dans l'entreprise au cours de la période à régulariser).

Le calcul de la retraite de base dépend de votre année de naissance

Année de naissance	Durée assurance taux plein	Durée assurance carrière complète	Années comptées pour calcul salaire annuel moyen	Taux de décote par trimestre manquant
1946	160 trimestres	156 trimestres	23	2,125 %
1947	160 tr.	158 tr.	24	2 %
1948	160 tr.	160 tr.	25	1,875 %
1949	161 tr.	161 tr.	25	1,75 %
1950	162 tr.	162 tr.	25	1,625 %
1951	163 tr.	163 tr.	25	1,5 %
1952	164 tr.	164 tr.	25	1,375 %

6- La mise à la retraite d'office

La règle actuelle	Ce qui va changer
Votre employeur ne peut pas, en principe, vous mettre à la retraite d'office avant 65 ans. Toutefois, certains accords de branche autorisent les entreprises à mettre leurs salariés à la retraite avant cet âge, dès lors qu'ils peuvent prétendre à une retraite à taux plein.	Ces accords cesseront de produire leurs effets au plus tard le 31 décembre 2009 et il est désormais interdit d'en conclure de nouveaux. De plus, depuis le début de l'année 2008, toute mise à la retraite à l'initiative de l'employeur, quel que soit l'âge de l'intéressé, entraîne le versement d'une nouvelle contribution patronale (25 % de l'indemnité de mise à la retraite, puis 50 % à compter du 1er janvier 2009). Par ailleurs, dès 2009, les mises à la retraite d'office par l'employeur ne seront plus possibles, y compris pour les salariés de 65 ans ou plus. La décision de partir sera un libre choix du salarié. S'il souhaite s'en séparer, l'employeur devra procéder à un licenciement (dans le respect des règles et procédures).

7- La surcote quand on choisit de continuer à travailler.

La règle actuelle	Ce qui va changer
Cette majoration de pension est accordée aux assurés qui, à partir de 60 ans, réunissent le nombre de trimestres requis pour avoir droit à une retraite à taux plein, mais décident de continuer à travailler. Son taux est fixé à : - 0,75% du 1er au 4e trimestre supplémentaire travaillé - 1% au-delà du 4e - 1,25% pour chaque trimestre accompli après 65 ans.	En 2009, le taux de la surcote sera porté à 5% par année de travail en plus. Soit 1,25% pour tout trimestre supplémentaire accompli (à partir du 1er janvier 2009) au-delà de 60 ans et de la durée nécessaire pour bénéficier d'une retraite à taux plein. Le champ de la surcote sera élargi pour concerner aussi les salariés modestes (ceux qui ont droit au minimum contributif).

8- L'indemnité de départ en retraite

La règle actuelle	Ce qui va changer
Lorsque vous décidez de partir en retraite de votre propre chef, votre employeur est tenu de vous verser une indemnité de départ. Son montant dépend de votre ancienneté dans l'entreprise. Il est fixé à un demi-mois de salaire si vous avez 10 ans d'ancienneté, à un mois après 15 ans, à un mois et demi après 20 ans et à deux mois après 30 ans passés dans la société.	Rien ne devrait changer : le gouvernement a renoncé à réserver l'indemnité de départ en retraite aux salariés qui font liquider leur retraite à taux plein. Elle devrait donc continuer d'être versée dans les conditions actuelles.

9- La retraite progressive

La règle actuelle	Ce qui va changer
Les salariés de 60 ans et plus qui totalisent au moins 150 trimestres d'assurance au régime vieillesse peuvent poursuivre une activité à temps partiel tout en percevant une partie de leurs retraites de base et complémentaire. Ce système permet d'améliorer les droits à retraite. Lorsque l'activité à temps partiel cesse, le montant de la retraite est recalculé et tient compte du nombre de trimestres supplémentaires travaillés. Ce dispositif concerne les personnes dont les retraites sont liquidées jusqu'au 31 décembre 2008.	Ce dispositif est prorogé à titre exceptionnel pour 2010. Les modalités sont : ✓ être âgé d'au moins 60 ans ; ✓ travailler à temps partiel ; ✓ justifier de 150 trimestres validés au titre d'un régime obligatoire (régime général, régime des salariés agricoles, artisanales ...) Dans ce cas, le salarié perçoit pour la partie non travaillée 30% de sa pension retraite (régime de base + RCO) s'il garde une activité professionnelle entre 60 et 80% d'un temps complet, 50% de sa pension s'il travaille entre 60 et 40%, 70 % s'il travaille en deçà de 40%.

10- Le cumul emploi-retraite

La règle actuelle	Ce qui va changer
Un retraité du régime général peut reprendre une activité salariée aux conditions suivantes : ✓ respecter un délai de 6 mois avant la reprise d'une activité ; ✓ le revenu obtenu (allocation retraite + salaire de reprise d'activité) ne doit pas dépasser le dernier salaire d'activité ; ✓ le revenu lié à la reprise d'activité ne doit pas excéder le tiers de l'allocation retraite (sinon, celle-ci verrait son montant réduit).	À partir de 2009, le cumul sera possible sans limite de revenus pour les retraités qui ont cotisé la durée nécessaire pour bénéficier d'une retraite à taux plein, ou qui continuent à travailler après 65 ans. En revanche, la limite sera maintenue avant cet âge. Dans ce cas, elle s'appliquera de la même façon pour tous les régimes de retraite, quelle que soit l'activité reprise (y compris pour les régimes du secteur public)

11- La revalorisation des pensions

La règle actuelle	Ce qui va changer
Les pensions de retraite versées par le régime de base des salariés sont revalorisées au 1er janvier de chaque année, en fonction de l'évolution prévisionnelle de l'inflation. Les pensions versées par les régimes complémentaires sont, en principe, revalorisées au 1er avril de chaque année.	Afin de tenir compte de l'inflation, les pensions servies par le régime de base des salariés, les régimes alignés et la fonction publique bénéficient d'une revalorisation supplémentaire (de 0,8 %) au 1er septembre 2008. Pour l'avenir, les pensions versées par ces régimes seront revalorisées chaque année au 1er avril, au lieu du 1er janvier.

12- Les pensions de réversion

La règle actuelle	Ce qui va changer
Au décès d'un assuré, son conjoint survivant (ou ex-conjoint) a droit à une partie de ses retraites (ou, s'il est décédé avant l'âge de la retraite, à une partie de celles auxquelles il aurait pu prétendre). Dans le régime général, le versement de la pension de réversion (54 % de la retraite de base de l'assuré) est subordonné à une double condition d'âge et de ressources. L'âge minimum est peu à peu abaissé (avant de disparaître à l'horizon 2011).	Le taux de réversion de base des salariés devrait passer à 56 % au 1er janvier 2009, 58 % au 1er janvier 2010 et 60% au 1er janvier 2011. En contrepartie, le gouvernement souhaite réintroduire une condition d'âge minimum pour l'ouverture du droit à pension de réversion.

13- Le calcul de la retraite complémentaire

La règle actuelle	Ce qui va changer
Dans les régimes complémentaires Arrco et Agirc, l'âge pour percevoir une pension complète est normalement fixé à 65 ans. Mais un accord signé entre les partenaires sociaux (qui gèrent ces régimes) permet aux salariés de percevoir leurs retraites complémentaires avant 65 ans sans abattement, dès lors qu'ils ont fait liquider leur retraite de base à taux plein. Cet accord est valable jusqu'au 31 décembre 2008.	Il est probable que ce dispositif sera reconduit en l'état et que les salariés pourront continuer à bénéficier de leurs retraites complémentaires avant 65 ans sans abattement, s'ils ont droit à une retraite de base à taux plein. Le nouvel accord devrait être négocié début 2009. Les droits seront prorogés jusque-là.

14- Le rachat de trimestres non cotisés

La règle actuelle	Ce qui va changer
Racheter, auprès du régime de base, des périodes correspondant à des années d'études supérieures (ou des années civiles incomplètes) vous permet d'améliorer votre future pension. Qu'il s'agisse de bénéficier d'une retraite à taux plein (si vous rachetez la totalité des trimestres qui vous manquent) ou, tout au moins, de limiter la perte (en atténuant les effets de la décote). Ce rachat a aussi, sans coût supplémentaire, une incidence directe sur le montant de vos retraites complémentaires Arrco et Agirc. Elle réduit (voire supprime) les abattements applicables sur vos retraites complémentaires.	Rien n'est annoncé.

15- Les avantages liés aux enfants

La règle actuelle	Ce qui va changer
Dans le régime de base des salariés, des trimestres supplémentaires gratuits sont accordées aux femmes ayant élevé un ou plusieurs enfants (dans la limite de 8 trimestres par enfant), et la pension est augmentée de 10% pour les pères ou mères ayant élevé 3 enfants ou plus.	Une réflexion d'ensemble sur les avantages familiaux est en cours (dans le cadre des travaux du Conseil d'orientation des retraites). Une des pistes de réflexion serait de transférer leur financement à la Caisse nationale d'allocations familiales.

17- Les salariés ayant accompli une carrière au Smic

La règle actuelle	Ce qui va changer
Les salariés ayant accompli une carrière complète à temps plein rémunérée au Smic sont assurés de toucher une retraite totale (régime de base + retraite Arrco) égale à 85 % du Smic (soit une pension nette mensuelle de 846 € en 2008). Dans les faits, cette année, 99% des personnes concernées percevront ce minima.	Sur ce point, la ligne est maintenue et le gouvernement souhaite reconduire un objectif de pension minimum pour une carrière au Smic jusqu'en 2012.

18- Le minimum vieillesse

La règle actuelle	Ce qui va changer
Sous certaines conditions, les personnes qui n'ont pas ou peu cotisé pour leur retraite, et disposent de ce fait de faibles ressources, peuvent prétendre au versement de l'allocation de solidarité aux personnes âgées (Aspa). Elle est destinée à porter leurs revenus au niveau du minimum vieillesse. Son montant est fixé en 2008 à 7.537,30 € par an pour une personne seule (à 13.521,27 € pour un couple).	Le gouvernement souhaite augmenter le minimum vieillesse. L'objectif est qu'il soit en 2012 supérieur de 25% à celui de 2007. Pour y parvenir, il devrait être revalorisé d'environ 5 % chaque année.

19 - La réforme des régimes spéciaux

La règle actuelle	Ce qui va changer
La réforme des régimes spéciaux (EDF, SNCF...) a pour objectif d'harmoniser les règles de ces régimes avec celles applicables dans la fonction publique : durée d'assurance portée à 160 trimestres, introduction d'un mécanisme de décote /surcote...	Depuis le 1er juillet 2008, la réforme entre progressivement en vigueur. Les éléments de calcul de la retraite dépendent de l'année de naissance, quelle que soit la date de départ. Autrement dit, si vous remplissez cette année les conditions pour partir en retraite, votre pension sera calculée de la même façon, que vous partiez en 2009 ou plus tard.

Ma retraite est insuffisante : ai-je droit à des aides ? En quoi consistent les compléments de pension ?

Ces aides permettent au retraité en difficulté de percevoir un supplément de pension. Elles viennent en complément du minimum vieillesse qui garantit aux personnes ayant peu ou pas cotisé à l'assurance vieillesse un minimum de revenus. Elles s'ajoutent aussi aux avantages familiaux, accordés pour compenser les charges de famille.

☞ **La majoration pour conjoint à charge** est allouée aux retraités qui vivent avec une personne d'au moins 65 ans (60 ans si elle a été déclarée inapte au travail) ayant peu ou pas de ressources personnelles. Le conjoint de l'assuré ne doit pas, à titre personnel, percevoir de pension, rente ou allocation de l'assurance vieillesse ou invalidité, et ses autres ressources propres ne doivent pas excéder 7.109,72 € par an (soit 592,47€ par mois). Si ces trois conditions sont remplies, le montant annuel de la majoration (non revalorisé depuis 1977) est au maximum de 609,80 €, soit 50,81 € par mois.

☞ **La majoration pour tierce personne** est attribuée aux personnes mises en retraite pour inaptitude qui, avant 65 ans, doivent recourir à l'aide d'une tierce personne pour les gestes de la vie courante. Elle est fixée à 40% de la pension de base avec un minimum de 1.010,28 € par mois.
Mais attention, ce complément ne peut pas se cumuler avec d'autres aides ou prestations ayant le même objet, comme l'allocation personnalisée d'autonomie.

Ces avantages sont attribués par le régime de base des salariés et par les régimes alignés (Mutualité Sociale Agricole, Régime social des indépendants). Le régime de base des professions libérales (CNAVPL) n'attribue pas ce type de majoration. Pas plus que les régimes complémentaires, qui se limitent aux avantages familiaux.

☞ **Comment en faire la demande ?**
Vous n'avez pas en principe de demande spécifique à faire. Si vous remplissez les conditions au jour de la demande de pension, ils vous seront accordés automatiquement, en même temps que l'allocation de retraite.

Je vais prochainement prendre ma retraite : existe-t-il des solutions pour compléter mes revenus ?

Il existe plusieurs dispositifs :

✓ La rente viagère

Vous confiez un capital à un assureur qui, en retour, verse des revenus réguliers jusqu'à la fin de votre vie. Il gère le capital qui, en contrepartie, ne vous appartient plus. À votre décès, même peu de temps après l'entrée en service de la rente, vos héritiers ne récupèrent rien.

✓ La rente réversible

En principe, les versements de la rente s'arrêtent au décès. Si on choisit une rente réversible, au décès, tout ou partie de celle-ci (selon le taux choisi) sera reversée au conjoint jusqu'à son décès. En contrepartie, le montant initial de votre rente sera moins élevé, puisqu'on tiendra également compte de son espérance de vie.

✓ Le Plan d'épargne retraite collectif (PERCO)

Le plan d'épargne retraite collectif (PERCO) permet au salarié de se constituer une épargne, accessible au moment de la retraite sous forme de rente ou, si l'accord collectif le prévoit, sous forme de capital. Le PERCO peut recevoir les versements issus :

⇨ de l'épargne personnelle (dans la limite de 25 % de la rémunération annuelle) ;
⇨ de l'intéressement ;
⇨ de la participation aux résultats de l'entreprise ;
⇨ d'un compte épargne-temps.

Les sommes déjà versées dans un PEE ou dans un PEI, avant l'expiration du délai d'indisponibilité de ceux-ci, peuvent être transférées sur un PERCO.
L'employeur peut effectuer un versement initial dans le plan, si le règlement du plan le prévoit, même en l'absence de contribution du salarié.
L'entreprise a la possibilité de prévoir un versement complémentaire (abondement) issu de la participation, qui est limité à 5 489,28 € par an sans excéder le triple de la contribution du salarié au plan.
Un ancien salarié d'une entreprise garde le droit d'effectuer des versements sur son PERCO, sauf s'il a accès à un PERCO dans la nouvelle entreprise où il est employé. Cependant, l'ancien salarié n'a plus la possibilité de continuer à bénéficier de l'abondement de la part de l'entreprise, et les frais de gestion sont à sa charge exclusive.

✓ Le Plan d'épargne PERP

Le plan d'épargne retraite populaire (Perp) est un contrat d'assurance, souscrit de façon individuelle et facultative, et accessible à tous.

Il permet de constituer un complément de revenu pour la retraite, en effectuant tout au long de l'activité salariée, des versements réguliers.
Cette épargne sera accessible dés l'acquisition des droits à la retraite ou à 60 ans.
Quelle que soit la forme du PERP, cette épargne est reversée sous forme de rente viagère, en complément de la retraite.

✓ L'assurance vie

Avec un contrat d'assurance vie, vous pourrez choisir le mode de sortie :

- ⇨ une rente viagère,
- ⇨ ou récupérer votre épargne au fur et à mesure de vos besoins, en effectuant des retraits partiels éventuellement programmés.

✓ Les dispositifs de type « Madelin »

Reposant sur la même logique que le Perp, les contrats Madelin sont réservés aux indépendants (commerçants, artisans, professions libérales...). Moins souples que le Perp, ces contrats prévoient une obligation annuelle de versements (pouvant varier dans une fourchette de 1 à 10). En clair, à partir du moment où vous en avez signé un, vous êtes obligé de l'alimenter chaque année jusqu'au départ en retraite. En contrepartie, l'avantage fiscal accordé à l'entrée est plus généreux que celui du Perp pour ceux dont les bénéfices annuels sont supérieurs au plafond annuel de la Sécurité sociale (34.620 € en 2009).

✓ Le PEA (plan d'épargne en action)

Un PEA est intéressant si vous cherchez à vous constituer une rente viagère. Si vous optez pour le versement d'une rente, au moins 8 ans après l'ouverture du plan, les gains accumulés et les arrérages de la rente sont exonérés d'impôts sur le revenu.

✓ L'immobilier locatif et le recours à des dispositifs de défiscalisation

Il permet de se constituer des revenus complémentaires dont l'évolution est déconnectée de celle des marchés financiers et va suivre, plus ou moins, celle du coût de la vie. Cette solution intéressante ne s'improvise pas. Si vous voulez tirer parti de la possibilité de financer tout ou partie de votre investissement à crédit et des différents régimes fiscaux de faveur, vous devez vous y prendre au moins 10 à 15 ans avant votre départ en retraite.

✓ Vous pouvez également louer une pièce de votre maison si désormais celle-ci est trop grande après le départ des enfants. Préférez dans ce cas louer une pièce meublée afin de bénéficier d'une fiscalité avantageuse. La pièce doit mesurer au moins 9 m² avec un hauteur sous plafond de 2,2 m., disposer d'une fenêtre donnant sur l'extérieur, offrir un point d'eau et permettre l'accès à une salle de bains et des toilettes.

Ai-je intérêt à racheter des trimestres ?

Sans équivoque : oui ! Mais faites-le le plus tôt possible car le coût de rachat dépend de votre âge et plus vous vous rapprochez de 60 ans, plus le coût est élevé.
Vous pouvez racheter des trimestres soit pour atteindre la durée d'assurance requise et obtenir une retraite à taux plein, soit pour minorer la décote qui vous sera appliquée si vous souhaitez partir plus tôt (vers 58 ou 59 ans par exemple).

Peut-on racheter des trimestres auprès des complémentaires ?

Vous pouvez racheter des trimestres d'études supérieures auprès des complémentaires (et pas d'année incomplète), à condition de l'avoir fait dans le régime de base. Le coût d'un tel rachat rend son intérêt très limité. De plus, l'obtention du taux plein pour la retraite de base vous évite automatiquement une minoration des pensions complémentaires.

Que peut-on racheter ?

☞ Les années d'études et les années civiles incomplètes

Appelé versement pour la retraite (VPLR), ce dispositif est le plus coûteux. Il est ouvert jusqu'à l'âge de 64 ans[18] et si vous n'avez pas fait liquider votre retraite. Vous pouvez racheter des trimestres, dans la limite de 12. Il pourra s'agir :

✓ De vos années d'études accomplies dans un établissement d'enseignement supérieur ou une école technique supérieure

[18] L'article L 351-14-1 du code de la sécurité sociale a ouvert la faculté aux assurés d'effectuer un versement pour la retraite au titre des années d'études supérieures et des années civiles validées pour moins de 4 trimestres. Une circulaire de la CNAV du 9 mars 2010 organise dorénavant les dispositions du rachat d'années d'études supérieures pour les assurés de plus de 60 ans. Deux barèmes sont donc applicables : l'un pour les assurés de 20 à 59 ans et l'autre pour les assurés de 60 à 64 ans.

validées par un diplôme (et classe préparatoire, grande école sans obligation de diplôme). Une condition : ne pas avoir été affilié pendant ce temps à un régime obligatoire d'assurance retraite.

✓ Vos années civiles incomplètes d'activité, c'est-à-dire celles où vous avez validé moins de 4 trimestres dans le régime général.

☞ **Faites une demande d'évaluation de versement auprès de votre caisse** avant de confirmer votre rachat.

Pour racheter des années d'études, commencez par remplir un formulaire d'évaluation auprès de votre caisse de retraite.
Les ressources à déclarer sont celles perçues en contrepartie d'une activité professionnelle. Ne tenez pas compte de vos autres revenus (plus-value de cession, revenus de capitaux mobiliers, allocations diverses...). Indiquez le montant brut et le nombre de trimestres à racheter. Vous n'êtes pas obligé de le faire en une seule fois. Vous pouvez faire plusieurs demandes successives (dans la limite de 12 trimestres).
Si vous n'avez reçu aucune réponse dans les deux mois suivant la réception du formulaire de demande d'évaluation pour la retraite, c'est que votre demande a été rejetée (parce que vous ne remplissez pas les conditions d'âge, de diplôme...).
Vous pouvez faire une simulation sur le site internet de la CNAV, rubrique *"Versement pour la retraite"*, ou demander un dossier à votre caisse de retraite (ou le télécharger sur le site) et le lui adresser avec les pièces justificatives demandées.
Si vous souhaitez aller au terme de votre démarche, retournez à votre caisse le formulaire de confirmation qu'elle vous a adressé. Ce n'est qu'à partir de ce moment que votre demande sera véritablement prise en compte. En retour la caisse vous adressera une notification de versement.

Si vous rachetez 1 trimestre, vous devez payer comptant.
Si vous rachetez entre 2 et 8 trimestres, vous pouvez étaler vos paiements sur 12 ou 36 mensualités. Entre 9 et 12 trimestres, les versements peuvent s'échelonner sur 12, 36 ou 60 mensualités.
Au-delà d'un échelonnement d'un an, ces mensualités sont revalorisées en fonction de l'évolution de l'indice des prix à la fin de chaque période de 12 mois (en 2008, il est de 1,6%).
En cas d'incident de paiement, le rachat est clôturé. Les trimestres payés sont validés et le solde éventuel vous est remboursé. Pour effectuer une nouvelle demande de rachat, il faut attendre un an.

Les sommes dépensées pour le rachat sont intégralement déductibles de votre revenu brut global imposable.

☞ Les périodes d'apprentissage

Le rachat est possible si vous avez commencé votre activité avant le 1er juillet 1972 par un apprentissage pour lequel vous n'avez aucun trimestre validé ou si les cotisations versées par votre employeur ne vous ont pas permis de valider toute cette période. Vous pouvez le faire à tout âge, même si vous êtes déjà en retraite. La régularisation doit porter sur l'intégralité de la période.
Depuis le 1er janvier 2008, vous devez prouver votre apprentissage par des justificatifs. Pour 4 trimestres, une déclaration sur l'honneur est toutefois acceptée sous conditions.

Si vous faites partie d'une catégorie professionnelle tardivement affiliée au régime spécial (chauffeur de taxi, nourrice...), un rachat est possible sans conditions.

☞ Les périodes de soutien familial

Si vous avez interrompu ou réduit votre activité pour vous occuper d'un parent invalide (conjoint, parent, enfant, frère, neveu... y compris ceux du conjoint), vous pouvez racheter les cotisations relatives à cette période, même si vous êtes déjà en retraite.
Vous devez justifier de vos fonctions de tierce personne à titre gratuit, même à temps partiel. Cela implique une proximité de résidence avec la personne assistée.

> À partir de 54 ans vous recevrez votre relevé de carrière et les coordonnées d'un conseiller retraite. Vérifiez ce relevé et en cas d'erreur, demandez la régularisation sur www.lassuranceretraite.fr ou par courrier à votre caisse. Fixez avec votre conseiller l'âge de départ et faites estimer votre pension.
> A 55 ans une estimation de votre future retraite vous sera adressée.
> 4 mois avant votre départ à la retraite, vous devez déposer une demande officielle sur le site www.lassuranceretraite.fr ou en adressant l'imprimé à votre caisse de retraite. Si vous avez exercé plusieurs activités sous plusieurs statuts (commerçant, artisan...) une demande unique à votre dernière caisse suffit.

Questions / réponses sur la retraite

Je n'ai pas beaucoup travaillé. Ai-je intérêt à attendre d'avoir 65 ans pour déposer ma demande de retraite ?	⇨	À 65 ans, vous bénéficiez automatiquement de votre retraite de base à taux plein et de vos retraites complémentaires sans abattement, quelle que soit votre durée d'assurance. Vous pouvez déposer une demande de retraite si vous avez cotisé au moins un trimestre.
Puis-je partir à la retraite à 53, 54 ... 56 ans ?	⇨	Vous pouvez prendre votre retraite comme vous le souhaitez, mais vous ne toucherez pas tout de suite une pension. *Car, sauf exception, vous ne pourrez pas demander la liquidation de votre retraite de base de la Sécurité sociale avant d'avoir atteint 60 ans*. Cependant, rien ne vous empêche d'arrêter de travailler en même temps que votre conjoint plus âgé que vous, par exemple. Si vous justifiez de la durée d'assurance qui sera requise lors de la liquidation de votre pension, vous ne subirez aucune décote en effectuant votre demande à votre soixantième anniversaire.
Je suis né en 1948. Je peux arrêter mon activité cette année, à 60 ans, grâce aux 160 trimestres que j'ai acquis.	⇨	Votre pension de retraite du régime de base de la Sécurité sociale est liquidée à taux plein dès l'âge de 60 ans, à la condition de justifier du nombre de trimestres exigés pour celui-ci ; c'est-à-dire 160 pour un départ en 2008 dans votre cas. À compter de 2009, la durée d'assurance pour bénéficier du taux plein est relevée d'un trimestre par an. Il faudra 161 trimestres si vous êtes né en 1949, 162 en 1950, 163 en 1951 et, enfin, 164 trimestres si vous êtes né en 1952.
Si j'attends 66 ans pour partir, ma durée d'assurance sera plus importante.	⇨	Effectivement, vous bénéficiez d'une majoration de la durée d'assurance de 2,5 % par trimestre, soit une augmentation de 10 % pour quatre trimestres d'activité supplémentaire.

Si je continue à travailler après 60 ans, j'augmenterai le montant de ma pension ?	⇨	Si, à 60 ans, vous bénéficiez d'une retraite à taux plein et que vous souhaitez poursuivre votre activité, vous avez droit à une surcote. Le montant de votre pension de retraite sera majoré. Prenez connaissance de ce taux sur le site internet de la CNAV – www.cnav.fr ou auprès de la caisse dont vous dépendez.
Mère de quatre enfants, je peux bénéficier d'une retraite à taux plein à partir de 52 ans	⇨	Si vous avez eu, adopté ou élevé un ou plusieurs enfants, chacun d'eux vous donne droit à une majoration de durée d'assurance, dans la limite de 8 trimestres par enfant (ce qui se traduit pour une femme ayant élevé 4 enfants par une majoration de 8 ans). <u>Mais ces trimestres ne vous donnent pas droit à une retraite à taux plein avant l'âge de 60 ans.</u>
Quelle est l'incidence d'un statut d'invalide sur les droits à la retraite ?	⇨	La carte d'invalidité ne suffit pas. Pour partir entre 55 et 59 ans, vous devez avoir accompli votre carrière avec un taux d'incapacité permanente d'au moins 80%. Votre âge de départ dépend de la durée d'assurance, tous régimes confondus, et du nombre de trimestres pendant lesquels vous avez effectivement cotisé (120 trimestres, dont 100 cotisés, pour partir à 55 ans, 110, dont 90 cotisés, pour partir à 56 ans... Jusqu'à 80 trimestres dont 60 cotisés pour partir à 59 ans).
J'étais mère au foyer : ai-je droit à une retraite ?	⇨	Si vous étiez mère au foyer et que vous n'avez jamais travaillé, demandez l'Allocation de solidarité aux personnes âgées (Aspa). Remplissez le formulaire, joignez-y les pièces justificatives (pièce d'identité, titre de séjour, relevé d'identité bancaire, avis d'imposition...) et déposez-le à votre mairie qui vous délivrera un récépissé. La mairie vérifiera les indications sur l'état civil (et celui du conjoint, le cas échéant) et adressera le dossier au service de l'Aspa (Saspa) de la Caisse des dépôts et consignations. Vous recevrez un courrier avec un numéro de dossier Saspa dans le mois suivant la réception de votre demande par ce service.

Les CAF ont cotisé pour moi	⇨	Effectivement, les caisses d'allocations familiales (Caf) peuvent prendre en charge vos cotisations au titre de l'Assurance vieillesse des parents au foyer (AVPF) si vous avez cessé de travailler ou réduit votre activité pour élever vos enfants, si vous avez perçu des prestations familiales et avez eu des ressources inférieures à certains plafonds. Ces cotisations dues au titre de vos années de présence au foyer sont calculées sur un salaire fictif basé sur le smic et vous permettent d'acquérir des droits à la retraite de base. Vous n'avez aucune démarche à faire, votre Caf se charge, en effet, des formalités d'affiliation.
J'ai repris une activité après avoir fait valoir mes droits à la retraite. Mes nouvelles cotisations améliorent-elles le montant de mes pensions ?	⇨	Non ! Car dans ce cas précis, vous avez liquidé vos droits à la retraite. Cette reprise d'activité ne vous apporte donc pas de droits nouveaux. Cela serait le cas si vous aviez opté pour une retraite progressive.

Les sommes obtenues dans le cadre d'un départ à la retraite sont-elles imposables ?

Il y a deux situations :

☞ **Vous avez demandé de partir**. Vous avez donc perçu une indemnité de départ à la retraite. Vous ne déclarerez que la fraction de l'indemnité supérieure à 3050 €.

☞ **Vous avez été mis à la retraite sur l'initiative** de votre employeur. Votre indemnité est exonérée à hauteur du plus élevé des trois montants suivants :

- l'indemnité légale ou conventionnelle de mise à la retraite ;
- la moitié de l'indemnité dans la limite de 166 380€ ;
- le double de la rémunération annuelle dans la limite de 166 380 €.

Au-delà de ce montant, les sommes sont imposables.

Quelle est la différence entre un départ à la retraite et une mise à la retraite ?

Si c'est vous qui décidez de partir, il s'agit d'un départ à la retraite. Si par contre l'initiative vient de votre employeur, le dispositif est celui de la "mise à la retraite".
Sachez que vos droits et surtout les sommes dont vous pouvez bénéficier ne sont pas les mêmes. Sachez aussi que depuis une récente réforme, l'employeur ne peut plus imposer une mise à la retraite avant l'âge de 70 ans.

☞ Vous décidez de partir à la retraite.

Vous devrez d'une part déclarer votre intention à votre caisse de retraite 4 mois avant la date envisagée de votre départ, et d'autre part informer votre employeur 2 mois avant cette date par lettre recommandée avec accusé de réception. Votre convention collective peut cependant prévoir des délais différents.
Votre employeur va alors liquider l'ensemble de vos droits (paiement de vos congés payés acquis, paiement de jours acquis au titre de repos compensateurs, jours RTT ...) et vous verser une indemnité de départ à la retraite - dite IDR - dont le montant est soit fixé par votre convention collective, soit - à défaut de convention collective - par la loi.
L'indemnité est égale à :

- ✓ un demi-mois de salaire après 10 ans d'ancienneté ;
- ✓ un mois de salaire après 15 ans d'ancienneté ;
- ✓ un mois et demi de salaire après 20 ans d'ancienneté ;
- ✓ deux mois de salaire après 30 ans d'ancienneté.

Le salaire à prendre en considération, est, au choix du salarié : soit 1/12ème des rémunérations (salaire, mais aussi primes et gratifications éventuelles) des 12 derniers mois ; soit le tiers des rémunérations des 3 derniers mois (les primes et gratifications versées au cours de l'année précédant le départ doivent être prises en considération, au prorata).

☞ Votre employeur vous met à la retraite

Il est désormais impossible de vous mettre à la retraite si vous avez entre 60 et 65 ans. Les accords conventionnels qui existaient jusqu'à présent dans différentes branches d'activité sont caducs au 31.12.2009.
Cette possibilité ne sera ouverte que si vous êtes âgé de 65 à 70 ans. En pratique, votre employeur devra vous interroger 3 mois avant votre 65eme anniversaire, puis à nouveau 3 mois avant votre 66^{eme,} anniversaire etc.
Si vous souhaitez continuer à travailler, vous devrez répondre par la négative dans un délai de un mois. Dans ce cas, faites-le par lettre recommandée avec accusé de réception.

Si vous acceptez sa proposition, l'indemnité de mise à la retraite est supérieure à l'indemnité de départ à la retraite :

- ✓ 1/5e de mois par année d'ancienneté,
- ✓ auquel s'ajoutent 2/15e de mois par année d'ancienneté au-delà de 10 ans.

Votre convention collective peut prévoir un montant supérieur.

Sachez enfin que le régime fiscal de l'indemnité de mise à la retraite est plus avantageux.

Les droits à la retraite des femmes ayant élevé des enfants

Les règles sont les suivantes :

Les droits liés aux enfants	⇨	Pour chacun de vos enfants, la durée d'assurance est majorée de 8 trimestres. Les régimes AGIRC/ ARRCO majorent également le montant de la pension retraite pour chaque enfant à charge (une majoration qui cesse lorsque les enfants ne sont plus à charge).
Vous avez choisi de vous occuper de vos enfants et donc n'avez pas beaucoup travaillé.	⇨	Vous aurez intérêt à attendre l'âge de 65 ans pour prétendre à une retraite à taux plein. Certaines années auront pu être cotisées (en plus de celles correspondant à votre activité salariée) par la CAF. Cependant, le montant de votre retraite ne pourra pas être inférieur à un minimum légal fixé actuellement à 7.084 €/an.
Vous avez élevé au moins 3 enfants.	⇨	Votre retraite sera majorée de 10 %. Ce droit est acquis au 3e enfant.
Un de vos enfants est handicapé.	⇨	Si vous avez perçu une allocation d'éducation "enfant handicapé", chaque période d'éducation de 30 mois donne droit à un trimestre supplémentaire dans la limite de 8.
Les droits liés au congé parental.	⇨	Vous avez le choix : soit vous bénéficiez de la majoration liée au nombre d'enfants que vous avez élevés, soit vous bénéficiez d'une majoration au titre des années de congé parental (on prend la solution qui

	vous est le plus favorable). Pour 2 ans de congé parental, vous bénéficiez de 8 trimestres. Pour 3 ans, vous bénéficiez de 12 trimestres au lieu de 8. Donc, si votre congé parental était inférieur à 2 ans, la majoration retenue sera celle liée aux enfants que vous avez élevés. Si votre congé a été de plus de 2 ans, on prendra en référence la durée du congé.
Vous vous êtes occupée des enfants de votre mari.	⇨ Vous vous êtes mariée. Votre mari avait des enfants issus d'une précédente relation de couple. Si les enfants ont été à la charge de votre couple (et non pas de l'ex-conjoint), vous bénéficiez d'un trimestre à la date de prise en charge de chaque enfant et ce, jusqu'au 16e anniversaire de chaque enfant (ou 20 ans s'il est étudiant, infirme ou atteint d'une maladie chronique). Cela dans la limite de 8 trimestres par enfant.
Vous n'avez pas été salariée, mais commerçante, artisane ou profession libérale.	⇨ Si vous étiez commerçante ou exerciez la profession d'artisan, vous bénéficiez des mêmes règles. Si vous exerciez une profession libérale, vous avez droits à 100 points supplémentaires gratuits au titre du trimestre de l'accouchement. Cependant rapprochez-vous de votre caisse pour connaître exactement vos droits. Si vous étiez fonctionnaire, les mères de famille ayant élevé 3 enfants et justifiant de 15 ans de service peuvent prendre leur retraite quel que soit leur âge.

Est-ce que ces dispositions peuvent être appelées à changer ? Oui. L'une des options envisagées consiste à maintenir le bénéfice d'une année (4 trimestres) pour les mères au titre de l'année de grossesse et de permettre aux époux de décider qui du père ou de la mère pourra bénéficier de la seconde année.
Ce projet, en 2009, doit encore être voté.

La pension de réversion

C'est la partie de la retraite dont bénéficiait ou aurait pu bénéficier l'assuré décédé et qui est reversée, si certaines conditions sont remplies à son conjoint survivant ou à son (ou ses) ex-conjoints.
Attention, chaque régime de retraite précise des règles spécifiques.
Celles concernant le régime général d'assurance retraite ont été modifiées et depuis le 1er janvier 2009 sont les suivantes :

☞ **L'assuré décédé**

La réversion peut être accordée même si le conjoint est décédé avant d'avoir pris sa retraite ou atteint l'âge de départ à la retraite.

☞ **La condition de mariage**

Il faut avoir été marié avec l'assuré décédé pour pouvoir bénéficier du régime de réversion. La clause de non-remariage du conjoint survivant ou de l'ex-conjoint a été supprimée pour le régime général des salariés.
Par contre le PACS ou le concubinage n'ouvrent pas droit à ce régime.

Attention ! La condition de non-remariage demeure pour les régimes complémentaires AGIRC et ARCCO ainsi que dans les régimes spéciaux.

☞ **Hommes ou femmes ?**

Le régime de réversion concerne les hommes comme les femmes. Dans les faits, ce sont plutôt les femmes qui en bénéficient pour un motif de condition de ressources.

☞ **Les conditions de ressources**

La pension de réversion est due sous condition de ressources.

Pour une personne seule, les ressources ne doivent pas dépasser 18.116,80€ par an (soit le SMIC horaire en vigueur multiplié par 2080).
Pour les couples (dans l'hypothèse du remariage d'un ex-conjoint), les ressources du ménage ne doivent pas dépasser 28.986,88 € (plafond d'une personne seule multiplié par 1,6).

La condition de ressources est examinée sur les trois derniers mois qui précèdent la demande. Si le montant dépasse, l'examen porte alors sur les douze derniers mois. L'objectif de ce calcul est de se rapprocher le plus possible du niveau de vie de la personne susceptible de bénéficier de la pension.

En cas de modification de ressources à la hausse comme à la baisse, le montant de la pension est réévalué.
Toutefois, le montant de la pension est définitivement figé *(on dit qu'il est « cristallisé »)* 3 mois après la date à laquelle le conjoint survivant a fait liquider l'ensemble de ses droits personnels de retraite de base, ou à la date de son 60e anniversaire s'il ne peut liquider ses droits (cas d'un conjoint ou ex-conjoint ayant insuffisamment cotisé).

☞ **Le montant de la pension de réversion**

Le montant théorique est de 54 % de la pension dont bénéficiait ou aurait pu bénéficier l'assuré décédé.

Il existe cependant un montant minimum égal à 266 € 15 par mois à condition que l'assuré décédé ait acquis au moins 60 trimestres d'assurance.
Le montant de la pension de réversion est majorée pour les mères ayant élevé au moins trois enfants.
Par ailleurs, si l'épouse ou l'ex-épouse de la personne décédée a moins de 60 ans et élève encore ses enfants, une majoration forfaitaire est prévue (90,31€ par mois).

La pension de réversion ne peut pas dépasser 9.263,16 € par an en tenant compte de la bonification pour enfants à charge.

☞ **Les démarches**

Les caisses de retraite ne sont pas tenues d'informer le conjoint survivant ou l'ex-conjoint de ce droit.
Il convient donc que le conjoint ou ex-conjoint fasse la demande sur un imprimé prévu à cet effet. Ce formulaire peut être obtenu directement auprès des caisses de sécurité sociale ou auprès de la CNAV (caisse nationale d'assurance vieillesse). Il est enfin également de le trouver en mairie.

Le formulaire comprend 4 pages de notice et 8 pages à compléter. Il pourra sembler complexe pour certains assurés. Aussi convient-il de ne pas hésiter à se faire aider par le « point conseil » de la Caisse régionale d'assurance maladie ou de la CNAV en Ile-de-France.

La demande peut être formulée dans un délai de un an à compter de la date du décès. Dans ce cas, la pension est versée au 1er jour du mois suivant le décès ou du 1er jour de l'arrivée à l'âge minimum (51 ans en 2008).
Si la demande a été déposée plus d'un an après la date du décès, la pension ne sera versée qu'au premier jour du mois suivant la demande.

☞ **Que se passe-t-il si la personne décédée a été mariée plusieurs fois ?**

La pension de réversion est partagée entre le conjoint survivant et le ou les ex-conjoints proportionnellement à la durée de chaque mariage.
Toutefois au décès d'une des personnes partageant la pension de réversion, le montant de la pension des personnes survivantes est revalorisé. Une démarche devra être réalisée auprès de la caisse de retraite pour obtenir un nouveau calcul.

Attention ! Certains régimes tel le régime des fonctionnaires ont gardé certaines dispositions plus strictes pour les ex-conjoints telle la clause de non remariage. Rapprochez-vous de votre caisse de retraite afin de connaître exactement vos droits.
Les régimes complémentaires ont maintenu la clause de non-remariage dans l'attribution de la pension.

Les conjointes d'artisan, d'agriculteur, de chef d'entreprise

Le statut de conjoint d'un artisan, agriculteur ou d'un chef d'entreprise peut poser problème dès lors que survient l'âge de la retraite, un divorce ou une séparation. En effet, il est fréquent que les époux n'aient pas souhaité conférer un statut à l'un d'eux, souvent l'épouse.

Depuis la loi du 2 août 2005, le conjoint qui participe régulièrement à l'activité artisanale, agricole, commerciale ou libérale doit obligatoirement choisir un statut et s'affilier à l'assurance vieillesse. Le partenaire concubin ou pacsé du chef d'entreprise n'est pas concerné par cette obligation.

Trois statuts existent aujourd'hui :

☞ Conjoint salarié

Ce statut revient à bénéficier du statut de salarié. Les droits sont donc les mêmes que tout salarié. Simplement les cotisations sont versées à d'autres caisses et les principes de calcul peuvent légèrement différer.
Le conjoint salarié bénéficie de la même protection que tout autre salarié : licenciement, indemnité de mise à la retraite, indemnisation du congé maternité. Il cotise au titre des cotisations sociales patronales et salariales.

☞ Conjoint collaborateur

Les modalités d'adhésion diffèrent selon qu'il s'agit du régime agricole, artisanal ou commerçant.
S'agissant du régime agricole, ce statut peut être choisi à titre principal (l'activité doit dépasser un mi-temps) ou secondaire. Il s'agit du statut le moins onéreux (de 700 à 1470 euros par an), mais en même temps du statut le moins protecteur. La retraite liée à ce statut reste faible (autour de 5800 euros/an).
Le statut de conjoint collaborateur est réservé aux conjoints mariés ou partenaires Pacsés. Deux conditions sont à respecter :

- ✓ participer régulièrement à l'activité professionnelle du conjoint ;
- ✓ ne pas être rémunéré pour exercer cette activité.

☞ Co-exploitant ou conjoint associé

Le conjoint peut être co-exploitant dans le régime agricole ou « conjoint associé » dans le régime commerçant ou artisanal. Il est affilié à titre personnel à la caisse de retraite (la MSA pour le régime agricole) et cotise sur sa part de revenu. C'est le statut le plus protecteur. S'il est co-associé à une SARL, EURL, SELARL, il peut opter pour le régime des TNS si son conjoint est gérant majoritaire ou salarié si son conjoint est gérant minoritaire.

Il est à noter que le bénéfice de la pension de réversion sur la RCO – retraite complémentaire obligatoire - s'applique aux épouses d'agriculteurs comme à celles d'artisans ou commerçants. Toutefois la condition de non-remariage reste applicable.

Depuis 2009, le gouvernement a institué un minimum retraite pour les exploitants agricoles. Cc minimum est fixé à 633 € à condition que l'ensemble des revenus ne dépassent pas 750 € mensuels et que la personne justifie de 22,5 années de carrière.

Les conjointes d'artisan, d'agriculteur, de chef d'entreprise : quels sont les droits pour les périodes antérieures à 2005 ?

En effet, les différents statuts n'ont été créés qu'en 1983 pour les entreprises artisanales, en 1999 pour les exploitations agricoles et par la loi de 2005 pour l'obligation de choisir un statut.

Le statut de conjoint collaborateur offre la possibilité de voir valider par la caisse dont la personne dépend, les périodes d'activités antérieures à la création du statut. Chaque caisse fixe ses règles et montants de régularisation.
En outre, si un conjoint n'avait pas avant cette date pu cotiser et donc acquérir des trimestres cotisés, il peut jusqu'en 2020 racheter des périodes d'assurance vieillesse dans la limite de 6 ans. Il conviendra de prouver qu'il ou elle a participé activement à l'activité de l'entreprise ou de l'exploitation.

Régime social des indépendants : les droits en cas de décès du conjoint.

- ✓ jusqu'à 54 % (60 % sous conditions) de la retraite de base du conjoint décédé.
- ✓ Pour les commerçants ayant cotisé jusqu'au 31.12.2003 au régime des conjoints, la réversion de base peut être portée à 75 %.
- ✓ Vous pouvez en outre prétendre sous conditions à la pension de réversion du régime complémentaires.

Les caisses de référence sont :
Artisans et commerçants : www.le-rsi.fr
Professions libérales : www.cnavpl.fr/
Agriculteurs : www.msa.fr

L'ASPA en pratique

1

Vous avez peu ou pas cotisé. Vous pouvez cependant demander l'allocation de solidarité aux personnes âgées (ASPA). Le montant de l'ASPA s'élève à 677,13 €/mois pour une personne seule et 1.147,41€ pour un couple.

2

L'ASPA dépend de vos ressources. Sont comptabilisées toutes les sources de revenus : pension invalidité, autres pensions, revenus mobiliers et immobiliers. Vos ressources doivent être inférieures à 692,43 €/mois pour une personne seule ou 1.147,14 € en couple.

3

L'ASPA est une allocation de solidarité. Elle n'est versée que si vous résidez sur le territoire français. Elle ne peut être demandée qu'à partir de votre 65e anniversaire ou à 60 ans en cas d'inaptitude au travail. Vous pouvez obtenir un formulaire soit auprès de votre caisse de retraite soit directement auprès de la Caisse des dépôts et consignations – rue du Vergne 33059 Bordeaux.

4

L'ASPA peut compléter les revenus que vous touchez au titre de vos droits à la retraite. Simplement le montant alloué sera calculé d'après vos revenus et les seuils de revenus.
Le montant de l'ASPA doit être revalorisé de 25% entre 2007 et 2012.

5

L'ASPA n'est pas soumise à l'impôt sur le revenu ni à la CSG CRDS

6

Les sommes qui vous ont été attribuées au titre de l'ASPA seront récupérées sur votre succession pour la part excédant 39.000 €. Ainsi, si à l'ouverture de votre succession la valeur totale de votre patrimoine est de 50.000 €, l'ASPA sera récupérée sur la somme de 50.000 – 39.000 : soit 11.000 €.

Pour vous y retrouver ...

Qu'est-ce que le régime général (ou de base) des salariés ?
Il concerne l'ensemble des salariés du secteur privé non agricole. En application d'une ordonnance du 19 octobre 1945, ils doivent cotiser obligatoirement à la caisse d'assurance retraite, quel que soit leur rémunération, dans la limite d'un plafond. Le système est dit « par répartition », c'est-à-dire qu'il est fondé sur la solidarité. Les cotisations des actifs (les salariés) paient les pensions de ceux (les anciens salariés) qui partent à la retraite. Ce régime est géré par la CNAV : caisse nationale d'assurance vieillesse, et ses caisses régionales.

Qu'est-ce que le régime complémentaire des salariés ?
L'adhésion à un régime de retraite complémentaire est obligatoire depuis 1973. Tous les salariés cotisent désormais à l'ARRCO : association pour les régimes de retraite complémentaires. Les cadres cotisent en plus à l'AGIRC : association générale des institutions de retraite complémentaire des cadres, pour la partie de leur salaire qui dépasse le plafond de la sécurité sociale (2859 € en 2009). Bien sûr, les cotisations à ces différentes caisses ouvrent droit à des pensions. Un salarié touchera donc une pension du régime générale complétée par une pension de l'ARRCO. Un cadre percevra en plus une pension complémentaire liée à ses cotisations à l'AGIRC.

Qu'est-ce qu'un point retraite ?
Il s'agit d'un mode de calcul des droits et des pensions retenu par certaines caisses. Il y a deux dispositifs possibles : ✓ le calcul des droits en fonction du nombre de trimestres cotisés : il s'agit du dispositif retenu par le régime de base des salariés. ✓ Le calcul d'après le nombre de points acquis. Il s'agit du principe retenu par les régimes complémentaires (ARRCO, AGIRC) ou des régimes spéciaux tel celui des professions libérales. Le principe est le suivant : les cotisations versées sont converties en points. Chaque salarié cumule ainsi des points. Le jour de la liquidation de la retraite, ces points sont à nouveau convertis en argent. En effet, chaque année, les caisses publient la valeur du point. Cette solution permet de revaloriser chaque année le point en fonction du coût de la vie. Vous pouvez vous renseigner sur la valeur du point en allant sur les serveurs : www.agirc-arrco.fr ou www.cnavpl.fr pour les professions libérales.

Qu'est-ce que le taux plein ?

Il s'agit du taux maximal à partir duquel est calculé le montant de la pension. Il correspond à 50 % du salaire annuel moyen pour un salarié du secteur privé et 75 % du dernier traitement retenu pour un fonctionnaire.
Pour en bénéficier, il faut justifier d'une durée d'assurance minimale (déterminée selon la date de naissance : de 161 trimestres à 164 actuellement). A défaut, on applique sur les trimestres manquants un coefficient de minoration (ou décote).

Qu'est-ce que la surcote ou la décote ?

La décote pénalise. Elle diminue le taux à partir duquel est calculée la pension. Si une personne née en 1949 souhaite partir à la retraite en 2009, mais ne justifie que 150 trimestres travaillés, il lui manque 11 trimestres pour parvenir au nombre de trimestres requis. Le mécanisme de décote aboutira à un taux de 40,375 % au lieu de 50 % s'il est un salarié du secteur privé.
La surcote est une surprime. Elle concerne le salarié qui a d'ores et déjà réunit tous ses trimestres et continue à travailler. Chaque année effectuée majore sa rente de 5% (ou 1,25 % par trimestre).
Le système de décote/surcote ne concerne que le régime de base. Les retraites complémentaires calculées sur la base de points comme le régime AGIRC-ARCO pratique un système de pénalité différent si vous décidez de prendre votre retraite avant l'âge de 60 ans.

Qu'est-ce que la retraite anticipée ?

Il s'agit d'un dispositif spécifique aux personnes ayant commencé à travailler à 14, 15 ou 16 ans et qui, si elles justifient d'un nombre de trimestres cotisés, peuvent prétendre partir à la retraite à taux plein avant l'âge de 60 ans.
Une retraite anticipée spécifique est aussi ouverte aux salariés handicapés.
Pour partir avant 60 ans, il faut avoir validé 4 ou 5 trimestres avant la fin de l'année civile des 16 ou 17 ans selon l'âge de départ, réunir 8 trimestres de plus que la durée d'assurance requise pour un départ à taux plein et avoir cotisé un nombre de trimestres minimum.

Qu'est-ce que les compléments de pension ?

Ce sont des aides qui permettent aux retraités confrontés à des difficultés de santé ou familiales, de recevoir un supplément de pension. Elles viennent en complément de l'ASPA et des avantages familiaux.
Il s'agit :

- de la majoration pour conjoint à charge lorsque le conjoint est âgé de 60 ans s'il est déclaré inapte au travail, ou 65 ans et dont les ressources n'excèdent pas 7 699 € par an

- de la majoration pour tierce personne attribuée aux personnes mises en retraite pour inaptitude et qui ont besoin de recourir aux services d'une « tierce personne » pour les gestes de la vie courante.

En quoi consistent les avantages familiaux ?

Ce sont des bonus qui compensent des charges de famille. Il s'agit :

- d'une majoration de durée d'assurance allouée lors de la naissance d'un enfant. 8 trimestres compensent la période d'accouchement, d'accueil et d'éducation d'un enfant ;
- la prise en compte gratuite de périodes d'interruption d'activité pour s'occuper de ses enfants (congé parental) ;
- la majoration de la pension pour les parents d'au moins trois enfants ;
- du départ anticipé de mère de famille de la fonction publique ayant élevé au moins trois enfants, après 15 ans de services.

Quels sont les autres régimes de retraite ?

Aux côtés du régime général qui concerne les salariés du secteur privé, il y a :

1. Le régime de retraite des professions libérales. Son système est assez proche du régime général (calcul par point - durée d'assurance identique ...).
2. Le régime des exploitants agricoles géré par la MSA. Il est décomposé entre la retraite forfaitaire et la retraite proportionnelle. Depuis 2009, un minimum retraite a été institué et une revalorisation de la pension de réversion est prévue en 2010.
3. Le régime des fonctionnaires. Il concerne plusieurs corps de métier sachant que les agents non titulaires ou sous contrat sont affiliés au régime général des salariés. Un régime additionnel, semblable à une retraite complémentaire, a été créé en 2005.
4. Les régimes spéciaux. Ils concernent une quinzaine de secteurs ou entreprises : SNCF, mineurs, salariés de la Banque de France, clercs et employés de notaire ...

Peut-on toucher des pensions de plusieurs caisses de retraite ?

Oui. Une personne peut en effet avoir travaillé durant sa carrière sous différents statuts. Elle est dite polypensionnée.

Cette situation peut engendrer quelques complexités. En effet, si une personne a travaillé dans un secteur concerné par les régimes spéciaux, puis dans le secteur privé, agricole ou commerçant, elle devra faire sa demande de liquidation des droits à des dates différentes.

De même, une personne qui n'aurait pas effectuée une carrière complète dans la fonction publique, verra ses droits confondus dans le régime général, si ensuite elle a travaillé dans le secteur privé.

Trois régimes sont dits « alignés » : le régime général, le régime agricole géré par la MSA, et le régime des indépendants (artisans, commerçants) géré par le RSI. Dans ce cas, une demande à l'une des caisses suffit à faire valoir ses droits auprès des autres.

Que signifie liquider sa retraite ?

La demande de liquidation est la décision par laquelle une personne demande à bénéficier du régime retraite et toucher sa pension retraite. Elle est effectuée une fois pour toute, aussi est-il indispensable d'avoir procédé à des calculs de simulation en partenariat avec votre caisse.
La reprise d'une activité ne provoquera pas un nouveau calcul. Vos droits étant liquidés, votre pension ne sera pas réajustée.

Le cumul emploi – retraite en pratique

1

Il est désormais plus simple de reprendre une activité (salariée ou non) et cumuler un revenu lié à cette activité et les allocations que l'on percevait en ayant fait liquider ses droits à la retraite.
Il convient de distinguer avant et après le 1er janvier 2009.

2

La première condition pour pouvoir cumuler emploi – retraite est d'avoir **liquidé** ses droits à la retraite à taux plein. C'est le cas si vous avez atteint 65 ans ou si vous pouvez justifier de tous les trimestres cotisés entre 60 et 65 ans.

3

L'activité que vous reprenez peut-être :

- ✓ une activité libérale, commerçante, agricole, artisanale ... et dans ce cas les conditions sont très souples.
- ✓ une activité salariée (vous allez donc conclure un contrat de travail). Vous pouvez le faire chez un nouvel employeur ou chez votre ancien employeur sans condition (depuis le 1.1.09)

4

Les revenus que vous percevez (cumul de vos nouveaux revenus et vos allocations retraite) ne doivent pas excéder la moyenne de votre dernier salaire (évalué sur 3 mois) ou 160 % du smic.
Si vous touchez 1500 € d'allocations (complémentaires comprises) retraite + 1200 € de revenus liés à votre activité et que votre ancien salaire était de 3000 € dans ce cas, le versement de vos allocations sera maintenu.

5

Si le cumul de vos revenus dépasse la moyenne de votre ancien salaire, dans ce cas, le versement de vos allocations retraite sera suspendu.

6

Dès que vous reprenez une activité, vous devez en faire la déclaration auprès de votre dernière caisse d'affiliation.
Attention : les critères de certaines régimes spéciaux peuvent être différents (artistes du spectacle, RSI ...), aussi n'hésitez pas à vous rapprocher de votre caisse pour étudier votre cas.

Textes de référence :
Article L 161-22, D 161-2-5 et D 161 – 2 – 12.
Loi 2008 – 1330 du 17 décembre 2008 portant financement de la sécurité sociale.

5 Le Pacte civil de solidarité

Il fut à l'origine conçu pour se substituer au concubinage et fut l'objet de nombreuses critiques et attaques lors de son adoption.
Le PACS semble être fait pour de jeunes couples. Et pourtant ... il s'adapte particulièrement bien à la situation de seniors souhaitant garder une certaine indépendance patrimoniale et d'organisation de leurs vies.

N'hésitez pas à vous y intéresser dès lors que les enfants sont grands, que chacun a fait sa vie et que vous ne souhaitez pas complexifier des questions d'héritage.

Qu'est-ce que le PACS ?

Il s'agit d'une convention qui peut être réalisée sur papier libre et que l'on fait enregistrer au greffe du tribunal de grande instance de son domicile (article 515-1 et suivants du code civil). Le PACS organise la vie commune, détermine les règles concernant le patrimoine de chacun et les biens achetés en commun. Il peut préciser les clauses de rupture.
Le régime est moins protecteur que le mariage, mais paradoxalement cela peut revêtir un intérêt pour des seniors soucieux de garantir les droits de chacun dont ceux de leurs ayants droit.
Il n'y a ainsi aucune incidence sur le statut des enfants et les enfants de l'un ne deviennent pas des héritiers réservataires de l'autre. De même, les partenaires pacsés n'ont pas la qualité d'héritiers légaux. Bien sûr, la quotité disponible de l'un des partenaires peut être attribuée à l'autre, mais il n'y a aucun autre droit. Enfin, il n'existe pas à ce jour de droits à réversion en faveur du partenaire pacsé survivant.

Que contient le PACS ?

Il définit :

L'organisation de la vie commune :

- Les partenaires déclarent résider ensemble ;
- Ils s'engagent à une aide et assistance réciproque proportionnellement aux ressources de chacun ;
- Les dépenses liées à la vie courante seront supportées conjointement ;

- Les partenaires seront tenus solidairement à l'égard des tiers des dettes contractées par l'un d'eux pour les besoins de la vie courante et les dépenses relatives au logement.

Le patrimoine :

- les biens meubles et immeubles acquis par chaque partenaire avant la conclusion du PACS restent la propriété de celui qui les a acquis (il est d'ailleurs conseillé d'établir un inventaire des biens de chacun) ;

- les biens achetés à compter de l'enregistrement du PACS restent la propriété de celui qui les a achetés (il convient de toujours garder trace de l'achat) ;

- des biens peuvent être achetés en communs ;

- les biens reçus par donation ou succession avant ou pendant le PACS restent la propriété de celui qui les a reçus ;

- il est possible d'acquérir des biens immobiliers en commun. Ceux-ci seront alors gérés en indivision. L'acte de propriété devra mentionner la quote-part financée par chacun ;

- s'ils achètent une voiture ou d'autres objets (on parle de biens mobiliers) en commun, ils ont intérêt à le mentionner et s'agissant par exemple d'une voiture, faire établir une carte grise à leurs deux noms.

Le logement :

- si le logement est pris en location, il est préférable que le bail soit établi au nom des deux partenaires. En effet, le PACS ne confère pas d'office la qualité de cocontractant. Ainsi, le bail commun ne pourra être résilié qu'avec l'accord des deux partenaires ;

- si le logement est la propriété d'un seul des partenaires, au décès de celui qui en est le propriétaire, son partenaire en garde la jouissance durant une année ;

- dans ce cas, il sera possible de prévoir à la succession les droits en usufruit (possibilité d'occuper le logement mais pas de le vendre) au profit du partenaire survivant.

Le contenu du pacte civil de solidarité peut évoluer au fil du temps. Dans ce cas, il convient d'enregistrer un nouveau pacte auprès du greffe du tribunal de grande instance. La nouvelle convention ne valant que pour l'avenir.

Depuis 2007, les partenaires Pacsés doivent choisir entre deux régimes : la séparation de biens ou un régime d'indivision. Dans le cas où aucun régime n'est mentionné, la séparation des biens s'impose.

Le PACS peut être rompu

Soit d'un commun accord. Il suffira d'une déclaration au greffe du tribunal de grande instance. Soit par décision unilatérale d'un des partenaires. Il notifiera alors à l'autre partie cette rupture par un courrier remis par un huissier. La notification de l'huissier est ensuite adressée au greffe du tribunal de grande instance. Soit encore par le mariage d'un des partenaires ou par le décès de l'un d'eux.

Est-on solidaire de toutes les dettes de son partenaire ?

Non, seules les dettes de la vie courante (dont les impôts ou les loyers) et celles liées à l'entretien du domicile commun font l'objet d'une solidarité.
Par contre, si l'un des partenaires engage des dépenses pour des activités qui lui sont propres, l'autre n'est pas engagé par ces dettes.

PACS et droit des successions

Le partenaire Pacsé n'est pas un héritier de droit. En l'absence de testament en sa faveur, il ou elle ne sera pas appelé à la succession.

Deux dispositions peuvent être prises pour le (la) favoriser :

- Lui attribuer tout ou partie de la quotité disponible dans le cadre d'un testament,

- Conclure en sa faveur une assurance-vie.

Cette dernière solution étant la plus souple.

La loi du 22 août 2007 précise que le partenaire Pacsé comme le conjoint marié n'ont pas à payer de droit de succession pour la part reçue du conjoint ou partenaire.
En cas de donation, un abattement de 76.000 € est appliqué.
L'une et l'autre règle n'est cependant applicable que dans le cas où le PACS a plus de deux ans. Il ne vaut également qu'une seule fois.

PACS et pension de réversion

Le partenaire Pacsé ne bénéficie pas du régime de la pension de réversion. Toutefois, une proposition de loi pourrait être déposée en ce sens par des sénateurs en 2010.

6 La fin de vie – les soins palliatifs

Les soins palliatifs sont des soins actifs dans une approche globale de la personne atteinte d'une maladie grave évolutive ou terminale. Leur objectif est de soulager la personne de la douleur physique, de la souffrance psychologique, sociale et spirituelle. Ils s'adressent au malade en tant que personne ainsi qu'à ses proches et son entourage

Qui décide des soins palliatifs ?

C'est une décision pluri-disciplinaire associant le médecin traitant, les médecins spécialistes, le médecin de l'unité de soins palliatifs et si possible le malade et son entourage.
On estime actuellement que 85 à 90 % des patients conscients qui rejoignent une unité de soins palliatifs savent que l'issue est la mort.

Dans quels cadres sont dispensés ces soins ?

Trois types de milieux permettant de dispenser de tels soins :

- **Les Unités de soins palliatifs** : petites structures d'une dizaine de lits accueillant les personnes de façon temporaire. Il s'agit d'une structure hospitalière à part entière.

- **Les équipes mobiles de soins palliatifs** : elles se déplacent dans les structures hospitalières mais également et surtout au domicile de la personne.

- **Les lits identifiés en soins palliatifs**.

Le cadre légal

Il repose principalement sur trois textes :

- loi hospitalière du 31 juillet 1991 qui introduit les soins palliatifs dans la mission de tout établissement hospitalier ;

- loi 99-477 qui reconnait à toute personne le droit d'accéder à des soins palliatifs et à un accompagnement ;

- la loi dite « LEONETTI » du 22 avril 2005.

Ces dispositions sont codifiées dans le Code de la santé publique.

Quelles sont les principales dispositions ?

La loi « Léonetti » pose 4 grands principes :

① - **Eviter l'acharnement thérapeutique –** art L 1110-5 code de la santé publique ;

② - **Assurer l'information du malade** ou de la personne de confiance ;

③ - **Le droit au refus de traitement dans le cas d'une fin de vie** ou si le traitement peut avoir un effet sur la vie ;

④ - **Le principe de collégialité**. Le médecin n'est plus seul. Il prend avis auprès d'un collège composé de médecins spécialistes, du médecin traitant, des proches.

Pour être plus précis, il convient de distinguer deux situations : selon que le patient est ou non en fin de vie, et s'il est ou non conscient.

☞ **Si le patient n'est pas en fin de vie et s'il est conscient**

- ⇨ Le patient est informé par le médecin des actes médicaux et des traitements qui peuvent avoir un effet sur sa vie.
- ⇨ Il peut refuser un traitement. Mais dans ce cas, il devra exprimer son choix et le réitérer une fois. Ce choix est mentionné dans le dossier médical. Il prendra la forme d'un document écrit dans lequel le médecin rappellera qu'il a informé le patient, et le patient aura déclaré expressément qu'il refusait les soins. C'est ce que l'on nomme le « colloque singulier » (article L 1111-10 du code de la santé publique et l'article 37 du code de déontologie médicale).

☞ **Si le patient n'est pas en fin de vie mais inconscient**

- ⇨ L'article L 1111-13 du code de la santé publique et l'article 37 du code de déontologie médicale s'appliquent et les rapports entre le médecin et le malade sont encadrés par la procédure de collégialité.
- ⇨ Toutefois, le patient aura pu désigner une personne de confiance ou manifester sa volonté dans un document écrit. La présence d'une personne de confiance ou de ce document ne met pas fin au principe de collégialité, mais le médecin en tiendra compte et

associera la personne de confiance ou présentera l'écrit aux autres membres du collège.

☞ **Si le patient est en fin de vie et conscient**

⇨ L'article L 1110-10 s'applique. Il s'agit du **colloque singulier** entre le médecin et son patient.

⇨ Dans le cas d'une situation de fin de vie, un seul avis sera demandé.

☞ **Si le patient est en fin de vie mais inconscient**

⇨ L'article L 111-13 du code de la santé publique rappelle que le *« médecin sauvegarde la dignité du mourant et assure la qualité de sa fin de vie en dispensant les soins visés à l'article L 1110-10 ».*

⇨ Dans les cas prévus aux articles L 1111-4 et L. 1111-13, lorsque le patient est hors d'état d'exprimer sa volonté, le médecin ne peut décider seul de limiter ou d'arrêter les traitements dispensés sans avoir préalablement mis en œuvre la procédure collégiale dans les conditions suivantes : la décision est prise par le médecin en charge du patient après concertation avec l'équipe de soins si elle existe et l'avis motivé d'au moins un médecin appelé en qualité de consultant. Il ne doit exister aucun lien de nature hiérarchique entre le médecin en charge du patient et le médecin consultant. L'avis motivé d'un second médecin peut être demandé par ces médecins si l'un d'eux l'estime nécessaire. La décision prend également en compte les souhaits que le patient aurait antérieurement exprimés en particulier dans des directives anticipées lorsqu'elles ont été formulées, l'avis de la personne de confiance s'il l'a désignée ou à défaut de celui de l'un de ses proches.

⇨ La décision, les avis recueillis, la nature et le sens des concertations qui ont eu lieu au sein de l'équipe de soins ainsi que la décision sont inscrits dans le dossier du patient.

La personne de confiance

La personne de confiance est un dispositif consistant à désigner une personne de son vivant pour qu'à un moment donné, elle puisse apporter témoignage de sa conviction personnelle. L'article L 1111-6 du CSP précise ainsi : *« toute personne majeure peut désigner une personne de confiance qui peut être un parent, un proche ou le médecin traitant qui sera consultée au cas où elle-même serait hors d'état d'exprimer sa volonté, recevoir l'information nécessaire à cette fin. Cette désignation est faite par écrit. Elle est révocable à tout moment. Si le malade le souhaite, la personne de confiance l'accompagne dans ses démarches et l'assiste lors des entretiens médicaux afin de l'aider dans sa prise de décision ».*

Lors de son arrivée en hospitalisation, le patient est informé de la possibilité de désigner une personne de confiance.
Cette désignation se fait par écrit et le document est placé dans le dossier de soins.
La personne de confiance n'est ni un tuteur ni un mandataire de protection future. Elle ne possède aucun pouvoir au sens juridique de ce terme. Elle est simplement consultée mais ne décide pas à la place du médecin. Son rôle est consultatif et non décisionnel.
Bien que cela ne soit pas écrit, on peut estimer que l'avis de la personne de confiance prévaut sur tout autre avis non médical fut-il formulé par le conjoint ou un enfant.
Par contre cet avis s'efface devant les directives anticipées du patient.

Les directives anticipées

Les dispositifs relatifs à la personne de confiance et aux directives anticipées ont été posés par la loi du 4 mars 2002. Ils n'ont été que légèrement complétés par la loi du 22 avril 2005 dite « loi léonetti ».

« Toute personne majeure peut rédiger des directives anticipées pour le cas où elle serait un jour hors d'état d'exprimer sa volonté. Ces directives anticipées indiquent les souhaits de la personne relatifs à sa fin de vie concernant les conditions de la limitation ou l'arrêt de traitements. Elles sont révocables à tout moment. A condition qu'elles aient été établies moins de trois ans avant l'état d'inconscience de la personne, le médecin en tient compte pour toute décision d'investigation, d'intervention ou de traitement la concernant ». (article L 1111-11 CSP).

L'existence d'un tel document rédigé par le patient ne dispense pas le médecin de son obligation d'information quant aux risques d'un traitement ou d'une intervention, mais aussi quant aux conséquences du refus du patient.

Les directives anticipées doivent être écrites, datées et signées par le patient. Elles peuvent être dactylographiées ou écrites à la main.
Elles sont révocables à tout instant, ne doivent pas dater de plus de trois ans à compter de l'état d'inconscience du patient, et surtout elles ne doivent pas mentionner des formules générales et équivoques telles : « ne pas réanimer », « ne pas mettre en place des appareils de survie artificielle ».

Ces directives informent de la volonté du patient mais elles ne s'imposent pas au médecin.

Si le patient n'est pas en mesure d'écrire, il peut par dérogation, exprimer sa volonté devant deux témoins. Ce dispositif est valable à la fois pour l'expression des directives anticipées et leur révocation.

> La décision de cesser les traitements ne signifie pas que le médecin ne prend plus en charge son patient.

7 Organiser ses obsèques

La question n'est plus un tabou et désormais de nombreuses publicités vantent les conventions obsèques.
Mais il ne faut pas réduire la thématique des obsèques à celle du financement. De nombreux points appellent des précisions tel par exemple le choix de l'inhumation ou de la crémation. Et dans le cas d'une crémation, le sort des cendres.
Les idées les plus farfelues ont aussi la vie dure. Voici les principales règles de droit.
La loi du 19 décembre 2008 complète et précise le dispositif légal existant.

Quand doit-on organiser des obsèques ?

Elles doivent être organisées dans un délai compris entre 24h et 6 jours dès que le permis d'inhumer est délivré, ou 6 jours après l'entrée sur le territoire français si la personne est décédée à l'étranger.
Durant ce laps de temps, le défunt peut être présenté chez lui ou dans un funérarium.

L'inhumation dans une commune doit être autorisée par le maire de cette commune. Elle est accordée à ceux qui y vivaient, qui y sont morts, ou qui y possèdent une concession familiale. La loi du 19 décembre 2008 précise désormais qu'un français résidant à l'étranger peut être inhumé dans la commune où il était inscrit au titre d'électeur. Un permis d'inhumer, indispensable pour procéder aux funérailles, est alors délivré. Si une personne décède dans un établissement de retraite éloignée de son domicile, elle pourra être inhumée dans la commune où elle résidait.

La concession est un morceau de terrain dans un cimetière, réservé pour une durée de cinq, trente, cinquante ans, voire de manière perpétuelle. Il est nécessaire d'en posséder une pour procéder à l'enterrement.

Peut-on se faire enterrer dans une propriété privée ?

En application du code général des collectivités territoriales, *"chaque commune consacre à l'inhumation des morts un ou plusieurs terrains spécialement aménagés à cet effet"*.
Cependant, toute personne peut être enterrée sur une propriété particulière, pourvu que cette propriété soit hors de l'enceinte des villes et des bourgs et à la distance prescrite.

Il en résulte que l'enterrement en terrain privé est une exception admise à la règle générale de l'inhumation dans le cimetière communal. Le terrain doit se trouver à l'écart des agglomérations et répondre à des conditions hydrologiques vérifiées par un expert hydrogéologue.

L'inhumation en terrain privé est autorisée après le décès, par le préfet du département dans lequel il est situé sous réserve de la production :

- ✓ d'une demande préalable du défunt ;
- ✓ d'un plan de situation ;
- ✓ du rapport d'un hydrogéologue agréé ;
- ✓ de l'acte de décès ;
- ✓ du certificat du médecin ayant constaté le décès ;
- ✓ de l'autorisation de fermeture du cercueil délivrée par le maire du lieu du décès.

L'avis de l'hydrogéologue n'est pas exigé pour les inhumations dans l'enceinte des établissements religieux (couvents, monastères) si une première inhumation à proximité immédiate a déjà donné lieu à l'avis d'un spécialiste.
L'autorisation préfectorale doit être sollicitée pour chaque inhumation à réaliser dans le même terrain. Cette autorisation est perpétuelle.
L'autorisation sera refusée à Paris et dans les grandes villes. De même, que vous n'obtiendrez jamais l'accord pour une inhumation dans un simple jardin.
Elle sera par contre autorisée dans des propriétés possédant un parc. Il convient toutefois d'attirer l'attention sur les contraintes engendrées lors d'une vente. En effet, la vente ne vaut pas autorisation d'exhumer le corps ou détruire la tombe. Cette action ne pourra être autorisée que par le Préfet.

Après le décès, quelles sont les démarches administratives obligatoires ?

Il faut obtenir :

① - Un constat de décès. Il sera délivré par le médecin de l'hôpital ou de l'établissement où résidait la personne. Si le décès intervient à domicile, il sera délivré par le médecin traitant.

② - La déclaration. Il s'agit de l'enregistrement officiel de la mort d'une personne. Un proche du défunt ou à défaut le directeur d'établissement doit la réaliser dans les 24h qui suivent le décès. La personne doit se munir du livret de famille, d'une pièce d'identité du défunt et du certificat de décès.

③ - Le transport du corps. Il doit être autorisé par le Maire de la commune du lieu de décès. Ce transport peut avoir lieu vers un funérarium ou le domicile de la personne.

Quelles sont les prestations obligatoires et les prestations facultatives ?

Les prestations obligatoires correspondent en fait à des fournitures obligatoires. Dans tous les cas, l'inhumation ou la crémation ne pourra se faire que si vous produisez :

- ✓ un cercueil, ses poignées et sa garniture étanche ;
- ✓ Les opérations de fossoyage et de mise en terre (ou d'ouverture du caveau) en cas d'inhumation ;
- ✓ Les opérations de crémation, l'urne et sa plaque d'identification pour recueillir les cendres ;
- ✓ Certaines opérations peuvent s'ajouter en raison des circonstances du décès, du mode de transport ou des modalités de crémation ou d'inhumation.

Toutes les autres prestations sont facultatives et représentent des coûts supplémentaires. Il conviendra ainsi d'ajouter les frais de sépulture, l'acquisition éventuelle d'une concession ou la construction d'un caveau, d'une cavurne (dans le cas d'une crémation).
En 2009, le coût moyen d'une crémation était de 2500 € et celle d'une inhumation de 3500 €.
La loi du 19 décembre 2008 et une circulaire d'application du 14 décembre 2009 précisent les vacations pouvant être facturées et leur montant.

Les conventions obsèques sont-elles intéressantes ?

Le coût d'une inhumation peut être élevé pour des proches. Vous pouvez aussi vouloir organiser vous-même vos obsèques et choisir par exemple le lieu et les modalités d'une inhumation ou crémation. Dans ce cas, la convention obsèques souscrite auprès d'un opérateur de pompes funèbres vous permettra de tout organiser.
Cependant distinguez bien la convention obsèques souscrite auprès d'un opérateur de pompes funèbres et une assurance obsèques souscrite auprès d'une compagnie d'assurance. Dans ce dernier cas, il s'agit bien souvent d'une assurance-vie, souvent mal rémunérée et qui vise à apporter un capital pour couvrir une partie des dépenses exposées.

Pourra-t-on prélever de l'argent sur mon compte pour financer mes obsèques ?

Effectivement, c'est l'un des cas dans lequel il est possible de débloquer une somme après le décès.
En droit, les comptes du défunt sont tous bloqués au jour du décès. Ils seront débloqués à la date de liquidation de la succession. Cependant les

frais exposés pourront être prélevés sur son compte courant, son compte livret ou de caisse d'épargne.

Quelles précautions prendre ?

Sachez que le démarchage commercial de famille à l'occasion d'un décès ou de l'organisation d'obsèques est interdit.
Ensuite, le délai est suffisant pour permettre la mise en concurrence de plusieurs opérateurs de pompes funèbres.
Le transfert du corps du défunt vers une chambre funéraire n'est jamais obligatoire. Ne signez pas une demande de transfert vers une chambre funéraire sans en avoir préalablement estimé le coût et les conséquences.
Ne perdez jamais de vue la différence entre les fournitures obligatoires et les fournitures facultatives qui représentent un coût additionnel parfois élevé (toilette du défunt, personnel supplémentaire, couronnes mortuaires, transport ...).

La crémation

La crémation est autorisée par le maire de la commune du lieu de mise en bière. Lorsque la crémation est faite dans une commune autre que celle où a été effectuée la fermeture du cercueil, l'autorisation de transport est produite au maire du lieu de crémation.

Après la crémation, la remise de l'urne à la personne qui a pourvu aux funérailles s'effectue dans la salle de cérémonie ou dans une pièce dédiée à cet effet. L'urne est munie extérieurement d'une plaque portant l'identité du défunt et le nom du crématorium. Un local de dépôt provisoire des urnes cinéraires dans le crématorium est destiné à permettre la réflexion de la famille sur la destinée des cendres.
Ce dépôt ne peut excéder une année, le gestionnaire de cet établissement doit faire signer un accord préalable qui précise la durée de celui-ci. Au terme de ce délai, la famille est mise en demeure de récupérer l'urne.
A la demande de la personne ayant qualité pour pourvoir aux funérailles, l'urne peut être conservée, dans les mêmes conditions, dans un lieu de culte, avec l'accord de l'association chargée de l'exercice du culte.
Sans récupération, les cendres pourront être dispersées dans le Jardin du Souvenir.

Depuis la loi du 19 décembre 2008, il n'est plus possible de garder une urne contenant des cendres à son domicile ou de partager les cendres. Les cendres peuvent être placées, avec l'autorisation du maire de la commune :

✓ Dans le "columbarium" ou le "jardin d'urnes" d'un cimetière.

Un maire ne peut pas interdire que soient apposés sur les plaques de fermeture des cases du columbarium des photographies, portes fleurs ou autres ornementations (tribunal administratif de Lille, 30 mars 1999, req. n° 95-3785).

✓ Déposée à l'intérieur d'un caveau funéraire.

Des cavurnes ou caveautins (caveaux de petite dimension) sont disponibles dans certains cimetières.

✓ Inhumée dans une concession en pleine terre.

✓ Scellée sur un monument funéraire.

✓ Inhumée dans une propriété privée dans les mêmes conditions qu'une inhumation traditionnelle. Toutefois l'avis d'un expert hydrogéologue n'est pas demandé

Elles peuvent aussi être dispersées dans un "Jardin du Souvenir" avec l'autorisation du maire de la commune où est situé ce lieu privé, dispersées en mer, en haut d'une montagne, depuis un avion ... du moment qu'il ne s'agit pas d'un lieu public. Sont considérés comme lieux publics, les fleuves et les rivières, les jardins publics ....

Une autorisation d'exhumation est requise pour retirer une urne cinéraire d'une sépulture traditionnelle. Cette autorisation n'a pas lieu pour sortir une urne d'un columbarium (Décision du Tribunal administratif d'Amiens, 27 avril 2006).

Le statut juridique des cendres

Une urne contenant des cendres cinéraires est juridiquement assimilée à un objet d'une copropriété familiale, inviolable et sacrée (cour d'appel de Bordeaux du 14 janvier 2003). Tout changement de lieu de sépulture d'une urne cinéraire doit obtenir l'assentiment de tous les co-indivisaires.

Article 16-1-1 du code civil :*"Le respect dû au corps humain ne cesse pas avec la mort. Les restes des personnes décédées, y compris les cendres de celles dont le corps a donné lieu à crémation, doivent être traitées avec respect, dignité et décence".*

La violation d'urne cinéraire est punie d'un an d'emprisonnement et de 15.000 euros d'amende (alinéa 2 de l'article 225-17 du code pénal). Il convient d'attirer l'attention sur les nombreux contentieux qui peuvent exister entre les enfants ou les enfants et le/la conjoint(e) ou partenaire du défunt. Aucun ne peut prendre de décision sans l'accord express des autres et par exemple, l'un ne peut choisir de disperser les cendres sans que les autres expriment la même volonté.

Dès lors, exprimer son choix quant à la crémation puis au sort de ses cendres de son vivant est la meilleure solution pour éviter ces conflits.

4 Glossaire

Action Sociale

Moyens et dispositifs législatifs ou réglementaires mis en place pour venir en aide aux personnes les plus fragiles afin d'acquérir ou préserver leur autonomie.

Accueil de jour

Structure destinée à accueillir en journée des personnes âgées dépendantes. Elles bénéficient alors d'une prise en charge médicale et d'une stimulation sociale durant la journée. Souvent situées en milieu rural, elles permettent de rompre l'isolement et offrent un repos aux familles qui accueillent ces personnes.

Action en retranchement (droit des successions)
Action en réduction

Action intentée par un héritier réservataire (en général un des enfants) afin de faire valoir ses droits lors d'une succession.
L'action en retranchement est l'action intenté par un enfant né « d'un premier lit » c'est-à-dire d'un premier mariage, afin d'obtenir que des biens ne soient pas inscrits dans le régime de la communauté universelle et donc dévolu au conjoint survivant.

ADMR

Association d'Aide à Domicile en Milieu Rural

AFPAP

Association Française de Protection et d'Assistance aux Personnes

AGGIR

Autonomie Gérontologie Groupes Iso-Ressources

(Grille) AGGIR

Elaborée au cours de l'année 1997, ***la grille AGGIR*** (Autonomie Gérontologique Groupe Iso-Ressources) permet d'évaluer le degré de perte d'autonomie ou le degré de dépendance physique et psychique dans l'accomplissement des actes quotidiens de la personne et de regrouper les personnes âgées en 6 Groupes Iso-Ressources ou ***GIR***. Cette grille sert de référence pour l'obtention de l'***APA*** (Aide Personnalisée à l'Autonomie).

AGIRC

Association Générale des Institutions de Retraite des Cadres

AFNOR

L'Association Française de Normalisation (AFNOR) est l'organisme officiel français de normalisation. Elle est membre de l'Organisation internationale de normalisation (ISO).

ALMA

Allo Maltraitance des Personnes Agées

Alzheimer

Maladie caractérisée par le développement progressif d'une démence où dominent les troubles de la mémoire, l'atteinte du langage et des fonctions intellectuelles qui permettent d'agir, de savoir, de penser.

AMP

Aide Médico Psychologique. De plus en plus, ces intervenants agissent dans les centres de gériatrie et ***EHPAD*** pour accompagner les personnes âgées handicapées.

APA

Aide Personnalisée à l'Autonomie

APL

Aide Personnalisée au Logement

ARH

Agence Régionale de l'Hospitalisation

ARRCO

Association des Régimes de Retraite Complémentaire

ASD

Aide Soignante Diplômée. Sous la responsabilité d'un(e) infirmier(e), il/elle s'occupe de l'hygiène et du soin d'une personne.

Auxiliaire de vie

Professionnel appelé à maintenir le confort physique et moral des personnes âgées en institution, en l'aidant dans la réalisation des actes ordinaires de la vie.
L'auxiliaire de vie n'intervient pas dans le champ médical (soins, attribution de médicaments ...).

Avance sur héritage

Une donation peut être faite en avancement de part successorale à un héritier réservataire qui accepte la succession, dans ce cas, elle s'impute sur sa part d'héritage.

Par ailleurs, tout héritier, venant à une succession, doit rapporter, lors des opérations de partage, à ses cohéritiers tout ce qu'il a reçu du défunt, par donations entre vifs, directement ou indirectement.

Bénévolat

Le bénévolat est une activité de services non rétribuée et choisie volontairement qui s'exerce en général au sein d'une association, d'un syndicat ou d'une structure publique, voire d'une entreprise privée à vocation sociale.
Celui ou celle qui s'adonne au bénévolat est appelé bénévole.

Bilan Gériatrique

Examen complet qui évalue aussi bien les comportements physiologiques que psychologiques d'une personne âgée, et qui permet d'établir une évaluation sociale de sa situation. Cette expertise se fait en général à l'hôpital et toujours sur prescription du médecin traitant.

CANCAVA

Caisse Autonome Nationale de Compensation de l'Assurance Vieillesse des Artisans

CANTOU

Centre d'Activités Naturelles Tirées d'Occupations Utiles. C'est une petite unité de la maison de retraite qui prend en charge des personnes âgées présentant des symptômes de démence ou de la maladie d'Alzheimer.

CCAS

Centre Communal d'Action Sociale. La Commune assure la moitié de son budget et le reste dépend du Conseil Général.

CESU

Le Chèque Emploi Service Universel (CESU) a été institué par la loi du 26 juillet 2005 relative au développement des services à la personne. Il permet aux particuliers de payer les services à la personne effectués au domicile par un salarié ou un service agréé (association, société de services ...) ainsi que la garde d'enfant à l'extérieur du domicile par une assistante maternelle agréée ou une structure (crèche, halte garderie...). Il permet également de déclarer les salariés en cas d'emploi direct.
Le CESU peut être préfinancé (par le Conseil Général, une caisse de retraite, une entreprise...). Dans ce cas, il a une valeur faciale (comme un titre restaurant). Attention toutefois, les prestataires (sociétés de service à la personne, particuliers exerçant cette activité) n'acceptent pas tous cette forme de paiement.

Charte

Ensemble de dispositions à caractère éthique sur les comportements à adopter face aux personnes âgées.

CICAS

Centre d'Information et de Coordination de l'Action Sociale des régimes de retraite. C'est un organisme toujours financé par des caisses de retraite complémentaire.

CLIC

Centre Local d'Information et de Coordination Gérontologique. Vous y obtiendrez des informations sur les centres d'hébergement pour personnes âgées, et sur les questions liées au grand âge. Vous trouverez les coordonnées par département dans les adresses utiles de ce site. Les missions des CLIC sont déterminées en fonction d'un niveau de label (trois niveaux) : de l'information à l'élaboration d'un plan d'aide.

CODERPA

COmité DEpartemental des Retraités et Personnes Agées. Le CODERPA, est une instance consultative dont la vocation consiste à associer les retraités et les personnes âgées à l'élaboration et à l'application des politiques qui les concernent.

Quatre missions principales sont dévolues au CODERPA : le CODERPA établit chaque année un rapport sur la mise en œuvre des actions de toute nature intéressant les retraités et personnes âgées du département pendant l'année écoulée. Le Comité a également une mission de réflexion globale en matière gérontologique. Enfin il diffuse l'information au niveau départemental et facilite la conclusion de conventions locales. Ce même organisme existe au niveau régional : C.O.R.E.R.P.A. (COordination REgionale des Retraités et Personnes Agées), et au niveau national : C.N.R.P.A. (Comité National des Retraités et Personnes Agées).

Confusion mentale

Symptôme fréquent chez les personnes âgées qui traduit une souffrance cérébrale pouvant émaner d'une maladie grave ou d'un choc psychologique. La confusion peut être confondue avec une démence ou une maladie psychiatrique.

Congé de solidarité familiale

Tout salarié ou fonctionnaire peut désormais demander un congé d'une durée de trois mois renouvelable une fois pour accompagner un proche en phase avancée ou terminale d'une affection incurable.

Conseil de vie sociale

Il associe les usagers, les familles et le personnel à tout ce qui concerne le fonctionnement d'un établissement.

Consultation mémoire

Elle a pour objectif d'évaluer précisément la sévérité des troubles de la mémoire, mais aussi ceux du langage, des mouvements, de l'orientation dans le temps et l'espace.

Contrat de séjour

Aussi appelé document individuel de prise en charge, il doit être signé avant toute entrée dans un établissement pour personnes âgées.
Il mentionne la durée du séjour, les prestations fournies, les soins dispensés et le coût du séjour.
En droit, le contrat de séjour est obligatoire dès que le séjour est supérieur à deux mois. Il doit être signé dans le mois qui suit l'admission.

Convention tripartite

Accord entre un ***EHPAD***, le Département et la Caisse d'Assurance Maladie dont dépend l'établissement.

CPAM

Caisse Primaire d'Assurance Maladie

CRAM

Caisse Régionale d'Assurance Maladie

Curatelle

L'article 508 du Code Civil prévoit que *« lorsqu'un majeur, pour l'une des causes prévues à l'article 490, sans être hors d'état d'agir lui-même, a besoin d'être conseillé ou contrôlé dans les actes de la vie civile, il peut être placé sous un régime de curatelle ».*

La curatelle est un régime intermédiaire entre la sauvegarde de justice et la tutelle.

La mise sous curatelle peut intervenir à la suite d'une sauvegarde de justice, dans le cas où le majeur porte atteinte à son patrimoine et ne remplit pas ses obligations familiales.
Elle peut être demandée par la personne âgée elle-même si elle se rend compte qu'elle a besoin de cette mesure de protection ou sa famille en saisissant le Juge des Tutelles (au Tribunal d'Instance du lieu de résidence de la personne concernée).
La curatelle peut être simple : la personne protégée peut utiliser son chéquier, sa retraite mais ne prend aucune décision concernant son patrimoine (vente, donation...) ou renforcée : le curateur nommé par le Juge des Tutelles gère à la place de la personne protégée. Selon l'évolution de l'état de la personne, on peut décider la cessation de la curatelle ou la mise en place d'une mesure de protection plus importante : ***la tutelle***.

DDASS

Direction Départementale des Affaires Sanitaires et Sociales.

Dépendance

Etat qui peut être psychique ou physique

Dispositif anti-fugue

Puce électronique placée dans un bracelet ou un vêtement qui déclenche un signal sonore dès qu'une personne portant le dispositif dépasse une certaine limite. Ce dispositif concerne bien sûr les personnes souffrant de maladie telle la maladie Alzheimer. Il n'a pas pour vocation d'entraver la liberté de déplacement de personnes justifiant de toutes leurs facultés intellectuelles.

DOMINIC

DOtation MINImale de Convergence et Médicaments. Elle est attribuée aux ***EHPAD*** par le Conseil Général.

Donation entre époux

La loi du 3 décembre 2001 relative aux droits du conjoint survivant à partir du 1er juillet 2002 améliore les droits successoraux du conjoint successible. Il existe cependant une forme particulière de donation : la donation entre époux, ou donation au dernier vivant, qui permet au conjoint survivant de recevoir une part plus importante des biens du défunt en pleine propriété et/ou en usufruit si le défunt laisse des enfants ou descendants, ou, ses père et/ou mère.
Pour le cas où le défunt laisserait à son décès des héritiers réservataires (descendants), le code civil prévoit différentes possibilités de partage (options).
Attention : depuis le 1er janvier 2007, l'article 1094 alinéa 1 du code civil énonce que le conjoint survivant, qui ne souhaite pas disposer de tout ce qui est en sa faveur, peut choisir de ne recueillir qu'une partie des biens. La part qu'il laissera demeurera dans la succession et ne sera pas considérée comme une donation faite aux héritiers.

La donation entre époux peut être faite avant le mariage par contrat (mais elle sera sans effet si le mariage n'a pas lieu) ou pendant le mariage. Le notaire la fait inscrire au fichier des dernières volontés. Elle peut être révoquée unilatéralement par son auteur sans que l'autre conjoint en soit averti (acte devant notaire).
Elle ne produit ses effets qu'après le décès de l'un des époux. Le conjoint survivant devra alors choisir son "option".

Donation à des enfants, petits enfants ...

La donation à des enfants, petits enfants ou collatéraux en l'absence d'héritiers directs bénéficie désormais d'avantages fiscaux sous la forme d'un abattement

Donation (régime fiscal)

Les bénéficiaires d'une donation, quelle qu'en soit la forme, doivent payer des droits dits « de mutation à titre gratuit », sur la valeur des biens reçus. Ces droits sont calculés par application d'un barème progressif par tranches comme pour l'impôt sur le revenu. Ce barème dépend également des liens de parenté avec le donateur.

(Formes de la) donation

La donation peut se faire par acte notarié, acte sous seing privé (c'est à dire réalisé entre les parties à la donation), sans forme particulière mais avec déclaration auprès de l'administration fiscale.
Par une donation, une personne (donateur) transmet de son vivant, de manière irrévocable et gratuitement, un bien lui appartenant à une autre personne (le donataire), qui l'accepte.

Don manuel

Don réalisé sans recourir à un formalisme juridique (déclaration auprès de l'administration fiscale, acte notarié ...) et consistant à remettre soit des espèces, soit des titres, un objet ... Parce qu'elle n'exige aucune formalité, la technique du don manuel est fréquemment utilisée en France comme un moyen de transmission classique. Cependant, s'il dépasse un certain montant rapporté au patrimoine du donateur ou aux règles fiscales en matière de donation, il expose à plusieurs risques : l'un civil et l'autre fiscal.

Don d'usage

Don ou présent d'usage. Il s'agit d'un cadeau que l'on donne à l'occasion d'un mariage, de fiançailles, d'un anniversaire ou de la réussite à un examen.
Faire un cadeau n'a jamais été interdit sur le plan juridique ou fiscal. Cependant s'il dépasse un certain montant et s'il ne correspond pas à un évènement particulier, le cadeau perd sa qualification de présent d'usage pour devenir un don manuel.

DRASS

Direction Régionale des Affaires Sanitaires et Sociales

Durée d'assurance (retraite)

C'est le nombre de trimestres que vous avez validés auprès de l'Assurance vieillesse de base. Elle sert à calculer le taux de votre retraite (avant 65 ans) et le montant de votre pension (si vous n'avez pas effectué une carrière complète).

EHPAD

Etablissement d'Hébergement pour Personnes Agées Dépendantes

EHPA

Etablissement d'Hébergement pour Personnes Agées

Ergothérapeute

Auxiliaire médical spécialisé dans la rééducation des personnes présentant un handicap physique ou mental. L'ergothérapeute aide ces personnes à se réadapter à leur environnement à l'aide de techniques variées, notamment par le travail et l'organisation d'activités manuelles, de jeux, d'expressions de la vie quotidienne.

Ergothérapie

L'ergothérapie se caractérise par la rééducation ou la réadaptation par et pour l'activité (du grec Ergon). Ainsi, c'est par le biais d'activités comme la poterie, la vannerie, la menuiserie, le vitrail mais aussi les activités de vie quotidienne habillage, repas, ménage, courses... que l'ergothérapeute organise un cadre thérapeutique visant à améliorer ou suppléer des déficiences organiques ou psychiques.

Escarre

Il s'agit d'une plaie de pression provoquée par une pression excessive et prolongée. Elles concernent les personnes âgées immobilisées dans un fauteuil ou un lit. Pour les éviter, le personnel médical procède à des retournements permettant de ne pas peser trop longtemps sur les mêmes zones du corps.

Etablissements d'accueil

Sous ce terme on retrouve les maisons de retraite, les unités de soins longue durée, les foyers logements et résidences services, mais aussi les EHPA, EHPAD, MAPA, MAPAD

Evaluation

Voir grille ***AGGIR*** ou ***GIR***

FLM

Foyer Logement Médicalisé

FNEHAD

Fédération Nationale des Etablissements d'Hospitalisation à Domicile

Foyer Logement

Mode d'hébergement collectif qui accueille des personnes âgées valides, ou capables de vivre dans un logement indépendant.

FSV

Fonds de Solidarité Vieillesse. Etablissement public administratif, créé en 1993, qui prend en charge financièrement les avantages de retraite relevant de la solidarité nationale.

FRR

Fonds de Réserve Retraite

GERIAPA

Groupement d'Etudes, de Recherche et d'Initiatives pour l'Aide aux Personnes Agées

Gériatrie

Spécialité médicale qui prend en charge toutes les spécificités des maladies liées à l'âge et aux personnes âgées.

Gérontologie

Ensemble des disciplines qui s'occupent des affections du vieillissement : physiologique, pathologiques, sociales, psychologiques ...

GIR Groupe Iso Ressources.

GIR 1 : personnes ayant perdu leur autonomie mentale, corporelle, locomotrice et sociale, et nécessitant une présence continue d'intervenants à leurs côtés.
GIR 2 : personnes devant rester immobilisées dans un lit ou un fauteuil et dont les facultés mentales ne sont pas totalement altérées. Elles doivent faire appel à une aide pour les actes de la vie courante.
GIR 3 : personnes ayant conservé leur autonomie mentale et partiellement leur autonomie locomotrice et qui ont besoin, plusieurs fois par jour, d'une aide pour leurs soins corporels.
GIR 4 : personnes ne pouvant plus se lever seules, mais qui une fois debout peuvent se déplacer sur une superficie limitée (leur domicile). Elles n'ont pas de problèmes locomoteurs mais doivent être aidées pour la toilette, l'habillage ...
GIR 5 : personnes assurant seules leurs déplacements à l'intérieur de leur logement, s'alimentant seules et s'habillant seules mais qui nécessitent une aide ponctuelle pour la toilette, la préparation des repas, le ménage.
GIR 6 : personnes n'ayant pas perdu leur autonomie pour les actes de la vie courante.

GMP

Gir Moyen Pondéré. Typologie des résidents accueillis dans l'établissement. Plus il est élevé, plus le niveau de dépendance est important.

Habilité aide sociale

Quand un établissement (public ou privé) est habilité à l'aide sociale, le coût de l'hébergement peut être pris en charge. Se renseigner auprès du CCAS de votre commune.

HMA

Hygiène Mentale Adulte

Héritier réservataire

Descendant, ou à défaut de descendant le conjoint survivant, à qui la loi réserve une part d'héritage qui ne peut, sauf exception prévue par la loi, être diminuée.

Hospitalisation à domicile

Ou HAD. Il s'agit d'une alternative au séjour en milieu hospitalier classique. Elle permet d'assurer au domicile du patient des soins médicaux et paramédicaux importants. Elle a pour finalité d'éviter ou de raccourcir un séjour en établissement hospitalier.
L'HAD est aujourd'hui proposée dans certains établissements de retraite. Renseignements auprès de la Fédération Nationale des Etablissements d'hospitalisation à domicile (***FNEHAD***).

Horton

C'est une maladie artérielle, souvent féminine, qui touche les personnes âgées de 70 à 80 ans.

Hôpital de jour

Le médecin traitant peut conseiller un séjour en hôpital de jour pour effectuer une journée de bilan complet afin d'évaluer et de prescrire les soins spécifiques. Ce type d'établissements concentre en un même lieu les moyens techniques et médicaux nécessaires aux divers examens prescrits, pour éviter au patient plusieurs déplacements.

Hôtel Social

Structure, appelée parfois résidence sociale, destinée à accueillir d'une manière temporaire des personnes en difficulté sociale, notamment en matière de logement.

Incontinence

Impossibilité de retenir volontairement les urines ou (et) les matières fécales.

Juge des tutelles

Juge dépendant du Tribunal de Grande Instance qui décide après investigations et contre-expertises médicales de la mise sous tutelle ou curatelle de la personne âgée.

Kinésithérapeute

Le kinésithérapeute est un professionnel de santé qui pratique la kinésithérapie.

Kinésithérapie

La kinésithérapie ou kiné est une spécialité médicale qui consiste en l'utilisation de mouvements actifs et passifs comme la mobilisation des membres, les massages, ou encore l'électricité dans un but thérapeutique et de rééducation.

Libéralités : donation-partage

Toute personne peut distribuer et partager ses biens de son vivant entre ses "héritiers présomptifs".
Les héritiers présomptifs sont ceux qui peuvent recueillir de la succession en vertu de la loi, soit, par exemple :

- ✓ les enfants et petits-enfants (les descendants),
- ✓ les frères, sœurs (ou autres collatéraux).

Pour être valable, la donation-partage doit être faite par acte notarié.
Elle occasionne des frais de notaire.

Liquidation (retraite)

C'est le fait de demander le versement de vos pensions de retraite. La liquidation est définitive, sauf option pour la retraite progressive. Cela signifie que votre retraite est calculée une fois pour toutes sur la base des droits acquis au moment où vous en faites la demande.

Livret d'accueil

Document réglementaire et obligatoire établi par les établissements pour leurs résidents.

Logement foyer

Le logement foyer est une structure d'hébergement pour personnes âgées non dépendantes. Il s'agit d'un groupe de logements autonomes assortis d'équipements ou de services collectifs (restauration, blanchissage, infirmerie, animation...) dont l'usage est facultatif. Il offre à la personne âgée un substitut à son logement d'origine.

MR

Maison de Retraite

Mandat de protection future

Institué par une loi du 5 mars 2007, le mandat de protection future a pour objectif de permettre à une personne de s'organiser, protéger ses biens et assurer l'avenir de proches dans le cas où elle deviendrait dépendante à la suite d'une altération de ses facultés mentales, d'un handicap, d'une hospitalisation ...

MAPAD

Maison d'Accueil pour Personnes Âgées Dépendantes. Ces **maisons de retraite** sont également implantées dans les centres-villes. Elles sont réservées en priorité aux personnes âgées ayant besoin d'assistance permanente et de personnel spécialisé pour les accompagner dans les gestes de la vie quotidienne : faire sa toilette, s'habiller, manger, et marcher. Les **MAPAD** sont équipées pour la prise en charge des **personnes âgées dépendantes** et très dépendantes, notamment celles atteintes de troubles du comportement et désorientées. Leur capacité ne doit pas en principe excéder 80 places sauf dérogation. Les chambres sont individuelles, la superficie de 16 à 20 m² au minimum et comportent une salle d'eau avec des toilettes. De nombreuses MAPAD intègrent des **CANTOU**.

MAPA

Maison d'Accueil pour Personnes Âgées

MARPA

Maison d'Accueil Rural pour Personnes Âgées

Maison d'Accueil Spécialisée

Etablissement médico-social d'accueil pour adultes gravement handicapés qui assure les soins médicaux, l'hygiène et les activités de ces personnes.

Majeur protégé

Personne placée par décision judiciaire sous un régime de protection (***tutelle***, ***curatelle***).

Maltraitance

Mauvais traitements envers une personne.
La maltraitance en droit pénal peut être introduite sur le fondement des articles :
121-2 : incrimination d'une personne morale pour les agissements de ses personnels
121-3 : mise en danger délibérée de la personne d'autrui
222-7 et 222-8 : violence ayant entrainé la mort
229-9 et 222-10 : violence ayant entrainé la mort sans intention de la donner
229-9 : violence ayant entrainé la mutilation ou l'infirmité sur une personne vulnérable
222-11 : violence ayant entrainé une incapacité sur une personne vulnérable
222-14 : violence habituelle sur personne vulnérable
222-19 : mise en danger de la vie d'autrui par imprudence ou négligence
223-1 : fait d'exposer directement autrui à un danger
223-3 : délaissement d'une personne vulnérable hors d'état de se protéger

Médecin coordonnateur

Médecin salarié d'un établissement pour personnes âgées, qui a des compétences en gériatrie mais qui peut exercer une activité libérale par ailleurs. Il assure les relations avec les prestataires de soins extérieurs à l'établissement.

Minimum Vieillesse

Il est versé aux personnes ayant peu cotisé à l'assurance vieillesse et qui ont des ressources annexes insuffisantes.

Nursing

Ensemble des soins destinés à éviter ou à limiter les complications que peuvent entraîner une maladie grave, prolongée ou invalidante. Il s'agit donc de soins d'hygiène corporelle, de la prévention des escarres, d'une surveillance diététique. Le nursing ne couvre pas les actes médicaux.

Obligation alimentaire

Devoir des familles envers les personnes âgées. Il se traduit par une obligation financière directe (allocation mensuelle versée à la personne) ou indirecte (prise en charge d'un loyer, de soins, des salaires du personnel venant en assistance ...).

Office de Personnes Agées

Instance financée en partie par les municipalités pour faciliter la vie sociale des personnes âgées de la commune.

ORGANIC

Caisse nationale du Régime assurance vieillesse, invalidité, décès des travailleurs indépendants du commerce, de l'industrie et des services.

Ostéoporose

L'ostéoporose est la perte progressive de masse osseuse, qui se traduit par une diminution de la densité osseuse et/ou une altération de la microarchitecture osseuse. Elle est due à un déséquilibre entre l'activité catabolique et anabolique, qui s'aggrave avec l'âge, si bien que cette maladie affecte principalement les personnes âgées.

Parkinson

La maladie de Parkinson est une maladie dégénérative qui résulte de la mort lente et progressive de neurones du cerveau. Comme la zone du cerveau atteinte par la maladie joue un rôle important dans le contrôle de nos mouvements, les personnes atteintes font peu à peu des gestes rigides, saccadés et incontrôlables. Par exemple, porter une tasse à ses lèvres avec précision et souplesse devient difficile. De nos jours, la médecine traite les symptômes avec assez de succès. On peut vivre avec la maladie pendant plusieurs années.
Les troubles liés au Parkinson apparaissent le plus souvent entre 50 ans et 70 ans. L'âge moyen d'apparition de la maladie est de 57 ans. Au début, les symptômes peuvent être confondus avec le vieillissement normal de la personne, mais au fur et à mesure qu'ils s'aggravent, le diagnostic devient plus évident. Au moment où les premiers symptômes se manifestent, on croit que de 60 % à 80 % des cellules de la zone de contrôle moteur seraient déjà détruites.

Particulier employeur

Vous êtes un particulier employeur lorsque vous embauchez un travailleur exerçant dans le secteur du service à la personne. Cet employé peut travailler dans votre foyer ou hors de votre foyer dans le cas des assistantes maternelles. Votre salarié à domicile peut par exemple exercer dans les domaines ou secteurs d'activités suivants :

- ✓ l'aide ou le soutien scolaire,
- ✓ la garde d'enfants à domicile,
- ✓ les travaux de ménage et repassage,
- ✓ les petits travaux de jardinage ou de bricolage,
- ✓ l'assistance à une personne âgée ou handicapée (aide à la mobilité, au transport, aide ménagère ou soins d'esthétique notamment),
- ✓ le gardiennage ou la surveillance temporaire à domicile de votre résidence principale,
- ✓ l'assistance informatique et internet à domicile.

Source ameli.fr (portail internet de l'assurance maladie)

PATHOS

Outil évaluant la mobilisation sanitaire requise en fonction des pathologies présentées par les personnes âgées.

Personne qualifiée

Toute personne prise en charge par un établissement ou sa famille, son représentant légal, doit pouvoir faire appel en vue de l'aider à faire valoir ses droits en cas de litige, à une personne qualifiée choisie sur une liste établie par le Préfet du département et le Président du Conseil régional.

PGD

Prestation de Garde à Domicile. C'est la prise en charge partielle des soins à domicile.

PSD

Prestation Spécifique de Dépendance. Allocation remplacée depuis 2001 par l'***APA***.

Quadriplégie

Terme médical qui signifie la paralysie des quatre membres due à des lésions nerveuses centrales ou périphériques.

Quotité disponible

Part relative aux biens d'une personne dont elle peut librement disposer par donation ou testament. La quotité disponible s'oppose à la réserve, qui constitue la part de biens déterminée par la loi aux héritiers réservataires.

Règlement de Fonctionnement

Document de règles de vie en établissement pour personnes âgées.

Réseau gérontologique

Ce réseau est une organisation mise en place entre plusieurs professionnels (médecins, kinésithérapeutes, services d'aides à domicile...) pour répondre de manière coordonnée aux besoins des personnes âgées.

Réserve héréditaire

Tout individu peut librement disposer de son patrimoine par voie de donation ou testament. Mais il existe une limite d'ordre public (à laquelle aucune convention ne peut déroger) appelée "réserve héréditaire" au bénéfice des descendants.
La portion du patrimoine dont on peut librement disposer s'appelle "quotité disponible".
Si le montant de la donation ou du testament dépasse le montant de la quotité disponible, la libéralité est réduite au bénéfice de la réserve héréditaire au moment de l'ouverture de la succession. Le montant de cette réduction est calculé par le notaire au moment du partage.
Depuis la loi du 23 juin 2006, les enfants du donateur ont la possibilité de renoncer par avance à exercer une action en réduction contre le donataire pour atteinte à leur part de réserve.

Résidence Services

La résidence avec services accueille des personnes âgées, ou des personnes handicapées. Elle propose soit l'achat soit la location d'appartements. Elle s'adresse à une clientèle valide ou semi valide.

Retraite de réversion ou **pension de réversion.**

Au décès de son conjoint, l'époux ou l'épouse survivant(e) peut percevoir une pension de réversion du régime général du défunt. Elle est soumise à certaines conditions.

Les informations sont à demander à la Caisse de Sécurité Sociale. Pour les régimes complémentaires, il faut s'adresser à la Caisse de Retraite concernée.

Services à la personne

Ils désignent l'ensemble des prestations réalisées au domicile d'un particulier ou dans l'accompagnement de personnes ou enfants : baby-sitting, garde de personnes âgées, ménage, jardinage, assistance informatique à domicile etc.
Le service apporté l'est au domicile ou dans certains cas, en accompagnement (par exemple : aller chercher des enfants à la sortie de l'école).
Le service est soit proposé par une structure (association – société) qui met alors à disposition ses collaborateurs, soit organisée par un particulier qui devient alors "particulier-employeur" c'est-à-dire qu'il réalise l'ensemble des obligations légales.

Service de court séjour gériatrique

Hébergement et traitement en milieu hospitalier pour les personnes âgées ayant des désordres physiologiques de l'organisme.

SFAP

Société Française d'Accompagnement des soins Palliatifs

SLD

Service de longue durée ou service de long séjour d'un centre hospitalier pour personnes âgées qui ont besoin de soins particuliers ne pouvant être pratiqués à domicile.

Soins palliatifs

Les soins palliatifs concernent les personnes atteintes de maladies incurables, au pronostic fatal à brève échéance. Voir aussi ***SFAP***.

SSIAD

Service de Soins Infirmiers à Domicile

SSAD

Service de Soins à Domicile

SSR

Soins de Suite et de Rééducation. La personne âgée peut effectuer sa convalescence après un séjour à l'hôpital dans un établissement de moyen séjour. Elle est prise en charge en partie par l'assurance maladie (CPAM). Les structures sont des cliniques.

STN

Soins Techniques et de Nursing. Frais de médicalisation remboursés forfaitairement par la Sécurité Sociale.

Surcote

À condition que vous n'ayez pas fait liquider votre retraite, alors que vous totalisez le nombre de trimestres requis pour bénéficier d'une retraite à taux plein, votre pension de retraite de base peut être majorée par application d'une surcote si vous poursuivez votre activité après 60 ans chez le même employeur ou chez un autre. Pour les pensions liquidées depuis le 1er janvier 2007, cette surcote est progressive. Son taux est fixé à 0,75 % du 1er au 4e trimestre supplémentaires travaillés, à 1 % au-delà du 4e trimestre et à 1,25 % pour chaque trimestre travaillé après votre 65e anniversaire, quel que soit son rang. Attention, seuls les trimestres civils entiers suivant celui au cours duquel vous avez fêté votre 60e ou votre 65e anniversaire (selon le cas) sont pris en compte.

La surcote en pratique

Âgé de 60 ans en janvier 2007, vous prendrez votre retraite au 1er août 2008. Votre compte sera arrêté au 30 juin 2008, date à laquelle vous totaliserez 168 trimestres d'assurance.
Le nombre de trimestres vous ouvrant droit à la surcote étant décompté à partir du 1er avril 2007, vous aurez donc effectué 5 trimestres supplémentaires (3 en 2007 et 2 en 2008). Votre surcote sera calculée de la manière suivante : (4 x 0,75 %) + (1 x 1 %), soit un total de 4 %.

SYNERPA

Syndicat National des Etablissements et Résidences Privées pour Personnes Âgées

Taux plein (retraite)

Le taux plein (ou taux normal de la retraite de base) correspond à 50 % de votre salaire de référence servant de base au calcul de votre pension. Il vous sera automatiquement accordé si vous faites liquider votre retraite à partir de 65 ans, quelle que soit votre durée d'assurance.
Si vous demandez la liquidation de votre retraite entre 60 et 65 ans, vous ne pouvez en bénéficier que si vous justifiez d'une durée minimale d'assurance, appréciée tous régimes de base confondus. Cette durée minimale est de 160 trimestres si vous faites liquider votre retraite avant le 31 décembre 2008 inclus ou si vous êtes nés avant le 1er janvier 1949, quelle que soit la date à laquelle vous prendrez votre retraite.
Dans les autres cas, si vous faites liquider votre retraite à partir du 1er janvier 2009, vous devrez justifier de 161 trimestres si vous êtes né en 1949, de 162 si vous êtes né en 1950... quelle que soit la date à laquelle vous prendrez votre retraite. À partir de 2013, cette durée pourrait être à nouveau relevée.

Tarification ternaire

Tarification décomposée en 3 parties, comprenant les tarifs soins, dépendance, et hébergement.

Télé assistance

Service d'assistance à distance qui relie un abonné chez lui à un réseau et aux services d'urgence. Ce service permet aux personnes âgées de vivre à domicile tout en ayant la possibilité de contacter à n'importe quelle heure une aide.

Trimestres cotisés (retraite)

Ce sont les trimestres qui ont donné lieu au versement de cotisations.

Trimestres validés

C'est la somme des trimestres cotisés, des périodes assimilées (maladie, chômage, maternité...) et des majorations de durée d'assurance de certains assurés (mère de famille, personne ayant élevé un enfant handicapé...).

Tutelle

L'article 425 et s. du Code Civil prévoit qu'une tutelle est ouverte quand un majeur, pour l'une des causes prévues aux articles précités, a besoin d'être représenté d'une manière continue dans les actes de la vie civile.
La mise sous tutelle peut intervenir si la personne âgée est reconnue totalement incapable de gérer ses biens et son argent. Elle peut être demandée par la personne elle-même, sa famille, le curateur si la personne était auparavant sous ***curatelle*** et que ses facultés mentales ou physiques se sont davantage altérées ou le Juge des Tutelles (au Tribunal d'Instance du lieu de résidence de la personne concernée) alerté par des proches.

La personne placée sous tutelle se trouve déchargée totalement de la gestion de ses biens.

UNASSAD

Union Nationale des Associations de Soins et Services à Domicile

UNA

Union Nationale de l'Aide, des soins et des services à domicile.
L'UNA est présente dans la majorité des départements.

Unité de vie

Petite structure d'accueil adaptée au sein d'hôpitaux ou d'***EHPAD*** qui assure la prise en charge de malades dont l'état nécessite des soins particuliers par un personnel spécialisé. Voir ***Cantou***.

USLD

Unité de Soins de Longue Durée

Village retraite

Le village retraite, regroupe un certain nombre de maisons indépendantes dans des petites communes rurales. Les logements sont aménagés pour être accessibles aux personnes à mobilité réduite.

Yeux (examen)

L'examen des yeux (examen ophtalmologique) comprend l'évaluation de l'acuité visuelle, de la mobilité oculaire, des champs visuels, des structures externes et le fond d'œil. L'examen ophtalmologique donne des indications quant à la vision et à l'état de santé général du patient. Il est conseillé de consulter l'ophtalmologue tous les deux ou trois ans.

Les personnes dont le travail est fatigant pour la vue (ordinateurs...) et les sujets souffrant de diabète, d'hypertension artérielle ou ayant des antécédents familiaux de glaucome peuvent avoir besoin de consulter plus souvent.

AGIRA

- AGIRA – service de recherche des bénéficiaires d'assurance-vie – 1 rue Jules Lefebvre – 75431 Paris cedex 09

APA

- Site d'information "service public" : http://vosdroits.service-public.fr

- Site de journaux spécialisés :
  http://www.notretemps.com/famille
  http://www.capretraite.fr

ASPA

- Si vous avez cotisé à un régime de la sécurité sociale, contactez la Caisse d'assurance vieillesse www.retraite.cnav.fr
- Si vous n'avez pas cotisé, contactez le service ASPA de la caisse des dépôts et consignation – www.cdc.retraites.fr

Colocation solidaire entre seniors

- ANIL : agence nationale pour l'information sur le logement www.anil.org
- Avances loca-pass : www.locapass.fr
- Sites de colocation entre seniors : www.partage-senior.net www.appartager.com

CESU – chèque emploi service universel

- www.cesu.urssaf.fr

CADA

- Commission d'accès aux documents administratifs (CADA, 31, rue de Constantine, 75007 Paris, Tél. : 01 42 75 79 99)

Fin de vie

- ADMD : association pour le droit de mourir dans la dignité www.admd.net

Maltraitance

- Institut national d'aide aux victimes (INAVEM) - 1, rue du Pré-Saint-Gervais - 93691 Pantin Cedex - Tel: 08.842.846.37
- SOS Maltraitance - n°unique : 3977
- Alma-France – www.alma-france.org
- Vous pouvez aussi vous adresser aux CODES – services départementaux.

Médiation familiale

- Fenamef – Fédération nationale de la médiation familiale – www.fenamef.asso.fr

Médiateurs

- Médiateur de la fédération française bancaire : BP 151 – 75422 Paris cedex 09 – mail mediateur@fbf.fr
- Conciliateurs de justice – coordonnées sur www.conciliateurs.fr
- Médiateur de la République : www.mediateur-republique.fr
- Médiateur de l'économie et des finances – télédoc 215 – 139, rue de Bercy – 75572 Paris cédex 12 – mediateur@finances.gouv.fr

Particulier employeur

- FEPEM – www.fepem.fr – Fédération nationale des particuliers employeurs

Recours amiable

Vous avez un problème avec une administration. Avant d'introduire un contentieux, vous devez effectuer un recours amiable.

- Cela concerne l'administration fiscale : adressez-vous à votre centre des impôts puis en cas d'échec au médiateur de l'économie et des finances (v. rubrique médiateur)
- Cela concerne l'accès à un document administratif : adressez-vous à la CADA – 35, rue Saint Dominique – 75700 Paris 07 ou www.cada.fr
- Cela concerne la sécurité sociale : adressez-vous au conciliateur de votre caisse ou à la commission de recours amiable de la sécurité sociale.
- Cela concerne l'obtention d'une aide sociale (APA, mauvaise appréciation de la dépendance ...) : adressez une demande de recours auprès du Président du Conseil général. En cas d'échec ou d'absence de réponse, adressez-vous à la commission de l'allocation personnalisée d'autonomie ou à la commission départementale de l'aide sociale.
- Cela concerne l'hôpital : adressez-vous à la commission des relations des usagers de l'hôpital

Retraite

- Retraite de base au 39 60 (0,09 €/mn), www.info.retraite.fr
- Chaque Caisse régionale d'assurance maladie a ouvert un guichet « retraite » - liste sur www.retraite.cnav.fr
- Si vous habitez en Ile-de-France, à la Cnav au 0 821 10 12 14
- Pour l'Alsace-Moselle, à la caisse régionale d'Assurance vieillesse (Crav)

Pour les retraites complémentaires

- Auprès de l'Arrco-Agirc au 0.820.200.189
- Au Centre d'information, conseil et accueil des salariés (Cicas) de votre département. Contacts ici Allô retraite : 3960 (0,09€/mn).

Retraite (suite) - Si vous n'étiez pas salarié

- L'Assurance vieillesse des parents au foyer : auprès de votre caisse d'allocations familiales ou sur www.caf.fr
- Artisans et commerçants : www.le-rsi.fr
- Commerçants et artisans : www.le-rsi.fr
- Fonctionnaires : www.pensions.bercy.gouv.fr
- Professions libérales : www.cnavpl.fr
- Régime agricole : www.msa.fr

(Demande d'ouverture des droits à la) retraite

Votre demande doit être formulée :

- En vous adressant à votre caisse régionale d'assurance maladie – service des retraites
- A la CNAV si vous habitez l'Ile-de-France,
- A la CRAV si vous habitez en Alsace ou Moselle,
- A l'ARRCO si vous êtes affilié à cette caisse,
- A l'AGIRC si vous êtes cadre (votre dossier sera ensuite transmis à l'ARRCO.

Recherche d'articles et de références juridiques

- www.legifrance.gouv.fr

Santé

- Site www.sante.gouv.fr offre des rubriques sur la santé, mais aussi sur le droit des usagers du système public de santé

Services à la personne

- www.servicesalapersonne.gouv.fr
- Un numéro de téléphone unique : 32 11Auprès des CLIC (centre local d'information et de coordination créé dans chaque mairie ou communauté de communes)
- www.clic-info.personnes-agees.gouv.fr

Tutelle

- www.tutelle.fr
- www.unaf.fr
- www.andp.frVous pouvez également vous référer aux sites des ADAPEI (ces associations sont présentes dans chaque département).

Un portail utile : www.mon.service-public.fr

- www.mon.service-public.fr : ce tout nouveau service en ligne vient d'être ouvert en octobre 2009. Il permet, après avoir créé son identifiant, d'accéder à différentes rubriques et surtout de personnaliser ses recherches.

Sommaire

L'obligation alimentaire : prévoir et s'organiser

Les différents établissements accueillant des personnes âgées

Les obligations des établissements accueillant des personnes âgées

La solidarité familiale – congé pour accompagner un proche malade

Le droit des successions

Les questions que vous pouvez vous poser : pour vous même